Uyldert · Verborgene Kräfte der Pflanzen

Mellie Uyldert

Verborgene Kräfte der Pflanzen

Hugendubel

Herausgeber der Reihe »Irisiana«: Gerhard Riemann

Aus dem Niederländischen von Clemens Wilhelm
Die Originalausgabe erschien unter dem Titel
»Plantenzielen«

2. Auflage 1987

Umschlaggestaltung: Dieter Bonhorst, München
Produktion: Tillmann Roeder, Buchendorf
Satz: Fotosatz Otto Gutfreund, Darmstadt
Druck und Bindung: Ueberreuter, Korneuburg

ISBN 3-88034-266-0

Printed in Austria

Inhalt

Einleitung

Die Menschen unserer Zeit sehnen sich in wachsendem Maße zurück nach dem natürlichen Leben. Man will nicht länger in sterilen Wohnblocks eingesperrt sein, sondern eigenes Grün um sich haben, um dort im freundlichen Dialog mit Pflanze und Tier zu leben. Unsere klügeren Vorfahren bauten noch Städte mit Parks und Bäumen an den Straßen.

Die Sehnsucht ist so groß, daß auf den Balkonen von Mietshäusern schon Apfelbäumchen gezüchtet werden, damit man selbst etwas ernten kann; in Blumentöpfen werden Kräuter gezogen, wofür man die Samen heute schon in jedem Supermarkt bekommt.

Wer es sich irgendwie leisten kann, kauft sich eine Zweitwohnung im Grünen, die dann bald zur Hauptwohnung wird, wo man sich mit Obstgarten, Kleinvieh und Kräuterbeet ein kleines Paradies schafft. So bekomme ich nun häufig Post von Menschen, die wissen möchten, welche Pflanzen und Kräuter sie am besten in ihrem Garten oder auf ihrem Balkon anbauen sollen.

Ich kann hier nur eines empfehlen: Sie müssen es selbst herausfinden. Sie können die Kataloge von Samenhandlungen studieren oder mit einer Schaufel in die freie Natur ziehen und dort Wildpflanzen für Ihren Garten ausgraben. Welche, sagt Ihnen die Natur: Wenn Sie nicht jäten, sondern den Boden brachliegen lassen, erscheint dort im nächsten Frühjahr genau das Pflanzensortiment, das zu Ihnen paßt. Von den Millionen Samen, die vom Wind verbreitet werden, keimen bei Ihnen gerade diejenigen, die die gleiche Schwingung haben wie Sie selbst und Ihre Wohnung. Erde, Wasser, Luft, Menschen, Tiere und Pflanzen des gleichen Typus finden einander und bilden eine Gemeinschaft. Sie dienen, nähren und heilen einander. Sie helfen einander leben und, wenn es sein muß, sterben. Die Bibel sagt: Euer Vater weiß, was Euch nottut. Ja, noch bevor Ihr es wißt, ist schon alles für Euch bereitet.

Der Garten ist ein Spiegel. In ihm können Sie sich selbst erkennen. Wenn dort z.B. viele Gänseblümchen, Quecken und Sauerampfer auftreten, bedeutet das, daß Ihr Boden sauer ist und vielleicht auch Ihr Blut zur Versäuerung neigt. Diese Pflanzen entsäuern den Boden, indem sie ihn mit Kalk anreichern. Die

Pflanze ist ein großer Alchemist; sie erzeugt selbst die Stoffe, die sie in dem Boden, in dem sie wächst, nicht vorfindet. Wenn Sie von diesen Pflanzen essen, indem Sie z.B. Queckenwurzeln abkochen und als Tee bereiten, oder wenn Sie Ihren Salat mit Gänseblümchen verzieren, können Sie Ihr Blut entsäuern und so Rheuma, Hexenschuß und Ischias vorbeugen. Die Natur sorgt für uns. Noch bevor wir wissen, daß wir krank sind, wächst in unserem Garten das passende Heilkraut – wenn wir es nicht ausreißen.

Es ist unser eigensinniges Denken, das uns alles verdirbt. Das Paradies ist noch auf Erden und möchte sich behaupten. Nur haben es sich die Adams und Evas in den Kopf gesetzt, daß die Natur so nicht in Ordnung ist und erst vom Menschen in Ordnung gebracht werden muß. So bepflanzt er im Schweiße seines Angesichts seinen degenerierten Acker mit einer einzigen Pflanzensorte, die dann Schwärme von Schadinsekten anlockt, und mit Hingabe und teuren Maschinen schafft er sich einen makellosen Rasen, bis auch der letzte Löwenzahn verschwunden ist. Dann betrachtet er sein Werk von der Terrasse aus: geplagt von Gallensteinen, die der Löwenzahn hätte verhüten und vertreiben können.

Der Mensch ist es, der die Harmonie der Schöpfung stört. Ein Kräuterbuch kann Ihnen aber eine Stütze auf dem Weg zur Erkenntnis sein, was für wen gut ist. Anwenden müssen Sie dieses Wissen dann selbst. So kann unsere Erde vielleicht einmal wieder das Paradies werden, das sie einmal war, ein Paradies, in dem der Mensch sich nicht zu plagen und zu schinden braucht, nur weil er etwas anderes begehrt als das, was ihm in Liebe und Weisheit bestimmt wurde. Die Vorsehung hat für uns alles vorgesehen, was wir wirklich brauchen.

»Seht die Lilien des Feldes: Sie arbeiten nicht, sie spinnen nicht, und doch war Salomon in all seiner Pracht nicht so gekleidet wie eine einzige von ihnen.«

PFLANZE UND MENSCH

Gärtnern mit der Natur

Ja, ein Garten ist schon etwas Schönes, aber den ganzen Sommer hat man Arbeit damit, ob es nun ein Nutz- oder ein Ziergarten ist. Immer nur düngen und jäten und hacken und schneiden, dann wieder säen und auspflanzen. Alles wächst und wuchert, und vor allem dem Unkraut wird man gar nicht Herr.

So seufzt mancher, der sich abplagt und werkelt und schließlich über der Plackerei die Freude an seinem Garten verliert.

Es muß natürlich ein Garten sein wie aus dem Katalog: Kreisrunde Rabatten, Gemüsereihen wie an der Schnur gezogen, und dazwischen die neuesten Ziergewächse, die der Handel anpreist. Freilich brauchen solche Pflanzen viel Pflege, weil sie in unserem Klima eigentlich nicht gedeihen, aber mit Hilfe von Glashaus und Frühbeet, reichlich Kunstdünger und Präparat XY zum richtigen Zeitpunkt zieht man dann doch etwas heran, was dem Nachbarn in die Augen sticht.

Solange aber der Mensch in seinem Wahn unbedingt etwas haben will, das seinem Boden und seiner Umgebung fremd ist oder an sich schon ein Kunstprodukt ist, das durch Kreuzen verschiedener Sorten oder Weiterzucht einer Abnormalität entstanden ist, solange muß er im Schweiße seines Angesichts rackern und schaffen; im Urlaub braucht er dann eine Vertretung, die ihm die ganze Pracht in Ordnung hält, damit er nicht bei seine Rückkehr einen Dschungel vorfindet.

Aber es geht auch anders. Nur ist hierzu eine andere seelische Einstellung nötig. Es gelingt nur, wenn man nicht mehr die Natur seinen Launen unterwerfen will, sondern bereit ist, von ihr zu lernen; wenn man still beobachten lernt, wie sie vorgeht. Man muß einmal darauf achten, welche Pflanzen sie in unserem Boden wachsen läßt – immer in weiser Absicht, wie uns dann erst später bewußt wird. Warum müssen wir bloß soviel Zeit und Geld für die Düngung aufwenden? Wie macht das Mutter Natur eigentlich?

Nun, sie versteht die Kunst, aus alt neu zu machen. Sie ist die große Alchemistin. Sie setzt ohne großen Aufwand, nur mit Hilfe des Wetters und des Klimas, einen Stoff in einen anderen um. Wenn die Pflanzen im Herbst all ihre Kraft im Samen konzentriert haben und ihre im Frühsommer aufgebaute Gestalt verfällt, werden Blätter und Stengel nach und nach wieder zu Erde. Im darauffolgenden Frühjahr finden die aufkeimenden Samen darin ihre Nahrung, und der Kreislauf ist wieder geschlossen. Mutter Erde recht nicht; sie läßt die Naturgesetze walten.

Auch sprengt und gießt Mutter Natur nicht. Der Regen sorgt für die Feuchtigkeit, und in Trockenzeiten müssen die Pflanzen ihre Wurzeln eben weiter zum Grundwasser ausstrecken; das macht sie nur kräftiger. Unkraut vergeht nicht, heißt es; das liegt einfach daran, daß es stark ist und nicht so verwöhnt wie unsere Kulturpflanzen. Außerdem sorgt die Natur immer für eine grüne Bodenbedeckung, die eine Austrocknung des Erdreichs verhindert. Sie hat eine Abneigung gegen kahle Stellen und läßt dort, wo der Mensch ein Stück Boden gerodet hat, sofort wieder »Haare«, d. h. grüne Pflanzen aus ihrer Haut sprießen. Im Gemüsegarten bedeckt sofort die saftige Vogelmiere die abgeräumten Beete. Statt nun gleich wieder zu jäten, sollten Sie besser eine Zeitlang täglich diesen köstlichen Salat essen, der gleich wieder nachwächst und Sie nichts kostet.

Hacken kennt die Natur ebensowenig. Das tun ihre Regenwürmer für sie, die, indem sie Erde essen, Gänge graben und den Boden lockern. Die von den Würmern verzehrte Erde ist bester Humus, locker, feinkrümelig und für die Pflanzen vorverdaut.

Und was macht die Natur gegen Insektenfraß? Hierfür hat sie die Vögel angestellt, die riesige Mengen Insekten verzehren – auch in Ihrem Garten, wenn Sie nur die Bäume und Sträucher stehen lassen, in denen sie nisten müssen! In dem »Eng«, dem Ackerland rings um die alten sächsischen Dörfer östlich der Yssel ist das Ackerland von Erdwällen umfriedet, auf denen Eichengestrüpp wächst. Dieses wirkt als Windschutz und Unterkunft für die Vögel. In andern Gegenden sind die Äcker von Weißdornhecken umsäumt. Giftspritzen ist also vollkommen überflüssig, wenn man nur Hecken pflanzt bzw. stehen läßt!

Die Natur ist ein fein abgestimmter Organismus, in dem jede Pflanze und jedes Tier eine Aufgabe zum Wohle des Ganzen hat. Das Marienkäferchen frißt die Läuse von den Pflanzen. Die Schnecken fressen das Moos von den Stämmen der Fruchtbäume ab. Der Maulwurf fördert mit den Würmern die Lockerung des Bodens. Igel, Kaninchen und Eichhörnchen fügen ihren Dung der Erde bei. Bienen und Hummeln befruchten Ihre Obstbäume und -sträucher.

In der Natur gibt es keine Insektenplagen. Weil die Natur nicht so dumm ist, Monokulturen anzulegen – endlose Felder mit einem einzigen Gewächs, aus denen man das sogenannte Unkraut gejätet oder mittels Gift vertilgt hat. Als ob dieses Gift nicht sofort den ganzen Boden verdürbe! Ja freilich, wenn eine Raupengeneration ein Feld mit leckerem Kohl vorfindet, dann wird da gefressen und gefressen, bis alles kahl ist. Wenn aber eine Kohlpflanze neben einem Salbei steht, der durch seinen starken Geruch die Raupe abschreckt, dann wird es nicht so schlimm werden. Die Natur stellt immer sich gegenseitig ergänzende Pflanzen nebeneinander. Dadurch werden Plagen vermieden und die Zusammensetzung des Bodens im Gleichgewicht gehalten. Die eine Pflanzensorte gibt ab, was der andern fehlt. Das sogenannte Unkraut im Acker macht das Getreide wohlschmeckender, nahrhafter und stärker! Es ist der törichte Übereifer des Menschen, der ihn dazu bringt, immer wieder der Natur ins Handwerk zu pfuschen – die Folgen seiner Dummheit erklärt er dann zu Fehlern der Natur, und durch noch dümmere Maßnahmen versucht er, den Schaden zu verringern. Die Plakkerei des Landmanns und des Gärtners ist größtenteils die Folge einer falschen Denkweise, eines Eigensinns, der sie dazu bringt, Gewächse auf einem Boden und in einem Klima anzubauen, für das sie nicht geeignet sind. Es ist klar, daß auch der Gesundheitswert solcher Nahrung nur gering sein kann.

Essen Sie, was Mutter Natur für Sie in Ihrem Garten sät, und es wird Ihnen gutgehen. Das eine Jahr viel leckere Melde, das andere Jahr saftige Vogelmiere oder Milchdistel, und alles gewürzt mit Gundelrebe, vitaminreichem Wegerich und leberstärkenden bitteren Löwenzahnblättern.

Reißen Sie nicht aus, was Mutter Natur wachsen läßt – sie hat eine bestimmte Absicht damit. Der Sauerampfer, den Sie mühsam jäten, möchte Ihren Boden kalkreicher machen (Sie brauchen dann auch keinen Kalk zu kaufen); auch die Brennesseln verbessern Ihren Boden und bilden außerdem ein vorzügliches Gemüse. Sogar die Quecke, so verhaßt wegen ihrer langen, nicht auszurottenden Wurzelausläufer, ist so gut für Ihren Garten, weil dort, wo Queckengras gejätet worden ist, neue Pflanzen besonders gut gedeihen. Ernten Sie die Queckenwurzeln, trocknen Sie sie und trinken Sie Tee davon, dann sind Sie gegen Rheumatismus gefeit. Achten Sie einmal darauf: Wenn Ihre Saat aufläuft, dann sehen Sie oft bei einer gerade aufsprießenden Pflanze ein Queckenhälmchen. Wütend ausreißen wäre undankbar, hat doch dieser Ausläufer gerade diese Bodenstelle so fein gelockert für die zarte junge Wurzel! Man möchte manchmal fast meinen, daß der Mensch sich Mühe und Sorgen machen will und Rheumaknie bekommen will durch die Jätarbeit, oder Krebs durch das Gift. Wenn ihm endlich einmal klargemacht worden ist, daß der Gartenboden nicht austrocknen darf, dann jätet er zunächst die Vogelmiere aus, die den ganzen Boden so köstlich und luftig bedeckt – und legt dann dafür schwarzes Plastik aus, in das er für jede Pflanze ein Loch machen muß und das den Boden nicht atmen läßt. Bei solchen Menschen hilft auch das gute Vorbild der Natur nicht...

Die Natur starrt auch nicht einseitig nur auf das Pflanzenreich. Sie läßt alle Naturreiche zusammenwirken. Die freilebenden Tiere düngen den Boden, die Bäume halten mit ihren Wurzeln das Regenwasser fest und lassen überlaubte Bäche entstehen, an die die Tiere zum Trinken kommen. Der Vogel nistet in den Baumästen, und das Kaninchen gräbt seinen Bau zwischen den Wurzeln. Die Bienen bestäuben die Blumen, während sie deren Nektar holen, und führen ein Zwiegespräch mit ihnen, die fest an ihren Orten verharren müssen und nach ihren fliegenden, summenden Freunden Ausschau halten. Denn um ein Streben, ein Ideal wachzuhalten, das einen Lebensprozeß anregt, müssen die einzelnen Reiche einander berühren. Mensch, Tier, Pflanze und Stein brauchen einander, helfen einander, lernen voneinander.

Die Schmetterlingsblüte des Ginsters, der Bohne, der Wicke – sie ahmt die Gestalt des Schmetterlings nach, der sie besucht, weil sie auch einmal Flügel haben möchte, um frei umherzuflattern. Darum stellt sie auch in Zusammenarbeit mit Wurzelbakterien soviel Eiweiß her – um einmal ein Gefühlsleben haben zu können wie die Tiere.

Und warum hat das Veilchen ein so seelenvolles Gesichtchen? Weil es in aller Bescheidenheit die Menschen liebt.

Sie meinen, der Mensch hätte durch Kreuzung und Pfropfung viele neue Gewächse hervorgebracht, die uns Nahrung und ästhetischer Genuß sind? Freilich, aber auch die Natur läßt neue Pflanzen und Tiere entstehen, und zwar nicht nur durch Kreuzung der Arten. Die Natur bringt Formen in unendlicher Fülle und Vielgestalt hervor. Hin und wieder kommt eine neue hinzu und stirbt eine andere aus. Dies hängt oft mit den Sternen zusammen. Jede kosmische Kraft will sich in einer bestimmten, ihr adäquaten Form auf den verschiedenen Himmelskörpern zeigen, soweit dies möglich ist. Ein ferner Stern bringt also auf der Erde seinen eigenen Menschen-, Tier-, Pflanzen- und Gesteinstypus hervor. Ein Stern entsteht aus einem sich verdichtenden Nebel, lebt, wächst, verfestigt sich und löst sich schließlich auf, genau wie jedes andere Lebewesen. Die Rasse, die auf Erden sein Abbild war, empfängt dann keine Kraft mehr für ihre Daseinsform und stirbt aus. Geht ein neuer Stern auf, dann entsteht auch auf der Erde in jedem Naturreich eine neue Lebensform. So wird alles auf Erden aus dem Kosmos geboren und geht dorthin zurück.

Ihr Kraut in Ihrem Garten

Das Wichtigste, was die Wildkräuter dem Gartenbesitzer zu sagen haben, ist dies: Was für ihn und seine Familie die passende Nahrung ist und bei Krankheit das passende Heilmittel.

Mutter Natur läßt für uns genau dasjenige wachsen, was wir brauchen. Dies beruht auf einer Gesetzmäßigkeit: Eine bestimmte Stelle der Erdkruste enthält bestimmte Stoffe in bestimmten Verhältnissen; daraus resultiert eine Schwingung, die durch eine entsprechende Schwingung aus dem Kosmos beantwortet wird. Die dazwischen liegende Atmosphäre bekommt die gleiche Schwingung, ebenso das Grundwasser und die Pflanzen, Tiere und Menschen, die dazu als Typus oder Gattung angezogen werden durch das Gesetz der Anziehung des Gleichen. Es ist also nicht etwa zufällig, welche Wildkräuter an einer bestimmten Stelle keimen und wachsen. Tausende von Samen trägt der Wind mit, aber nur diejenigen fallen an einer bestimmten Stelle zu Boden und beginnen dort zu keimen, die durch ihre Eigenschwingung von dieser Stelle angezogen werden.

Solch eine Schwingung ist die Eigenschaft einer Achse, die von ganz wenig bis sehr viel von dieser Schwingung reicht, so wie zwei diametral gegenüberliegende Tierkreiszeichen eine Achse bilden, in dem Sinne, daß das Mindestmaß das entsprechende Höchstmaß anzieht. Dies nennen wir die Anziehungskraft des Gegensätzlichen. Hierauf beruht auch die Homöopathie.

Was in Ihrem Garten wächst, ist also mit Ihnen verwandt. Auch der Mensch wird zu dem ihm vorbestimmten Ort hingezogen, wenn er auch die Wahl seines Wohnorts mit allerlei klugen Argumenten begründet. Es ist ein Gesetz, daß man zu einem bestimmten Zeitpunkt nirgendwo anders sein kann, als dort, wo man sich befindet.

Dieselbe kosmische Konstellation bedingt also die Anwesenheit eines bestimmten Krautes und eines bestimmten Menschen. Wenn sich im Körper des Menschen unbemerkt eine Krankheit festsetzt, so keimt auch schon das dazugehörige Heilkraut im Garten. Und wenn man dann sagt: Was wächst denn da plötzlich in meinem Garten! – dann tritt auch die Krankheit zutage. Wenn der Mensch diesen Zusammenhang durchschaut, kann er sich selbst rasch kurieren. Doch weil der Mensch sein angeborenes Wissen, seinen Instinkt nicht mehr befragt und ihn dadurch nicht mehr hört, bleibt das Heilkraut unentdeckt und ungepflückt, und der kranke Mensch sucht Heilung auf dem weiten Umweg über den Verstand.

Auffällig ist, daß die Pflanze auch wieder verschwindet, sobald ihre Heilkraft nicht mehr erforderlich ist, weil die Ursache für Kraut und Krankheit im Kosmos weggefallen ist. Ein Beispiel aus Tausenden: Rings um ein neugebautes Altersheim war der Boden durch die Bauarbeiten so umgewühlt, daß nichts mehr wachsen wollte. Aber noch ehe man sich mit der Planung der Gartenanlage befaßt hatte, siedelten sich dort Ringelblumen an, die bei uns gar nicht wild wachsen – an sich schon ein ungewöhnliches Vorkommnis. In das Gebäude zogen dann die Alten ein, von denen drei Krebs hatten. Nun ist die Ringelblume seit jeher ein Heilkraut gegen Krebs; nur wußte es im Haus niemand. Im nächsten und übernächsten Frühjahr erschienen die Ringelblumen wieder, nachdem erst der eine und später der zweite Krebskranke gestorben war. Im Frühjahr, nachdem der letzte gestorben war, erschienen plötzlich keine Ringelblumen mehr. Dabei hätte man doch erwarten müssen, daß sich die Pflanzen in dem Boden, der ihnen so offensichtlich zusagte, wieder ausgesät hätten. Aber nein – die Konstellation war vorbei, für den Menschen wie für die Pflanze. Die Wildpflanzen, die irgendwo gebraucht werden, kann man manchmal gar nicht ausrotten.

Eine Mutter klagte darüber, daß in ihrem kleinen Garten immer wieder das Hirtentäschel aufkam, prächtig gedieh und trotz aller Bemühungen, es endgültig auszurotten, immer wieder erschien. Sie fragte: Wozu dient denn dieses Zeug? Antwort: Gegen Blutungen, Nasenbluten vor allem. Ein kleines Bund frisches Hirtentäschel, auf den Nacken gelegt, kann hier schon helfen. Es stellte sich heraus, daß der Sohn dieser Frau in dieser Zeit immer wieder Nasenbluten hatte, und der Arzt wußte keinen Rat. Schade: Die Betreffenden kannten die Kraft jener Pflanze nicht, die schon bereitstand, um zu helfen.

So erlebten wir, wie in dem Garten eines Patienten, der immer wieder von Atembeschwerden heimgesucht wurde, von alleine das Lungenkraut aufkam, jedes Jahr wieder. Wenn man mit dem haarigen Blatt dieser Pflanze die Brust einreibt, schafft das schon Erleichterung; man kann auch einen Tee daraus bereiten. Nachdem er sich Jahre mit seinen Leiden abgequält hatte, zog der Patient um und nahm das Lungenkraut mit, das im neuen

Garten einen eigenen Platz bekam. In dem neuen Haus hatte der Patient kein Asthma und keine Bronchitis mehr, und im nächsten Frühjahr blieb auch das Lungenkraut aus. Es wurde nicht mehr gebraucht.

Jahrelang wurde eine Frau von hartnäckiger Diarrhöe geplagt. In ihrem Garten wuchs reichlich Nelkenwurz – das beste Darmtonikum, das es gibt. Sie wußte es nur nicht. Als sie es viel später endlich entdeckte und die Tinktur aus dieser Wurzel verwendete, verschwanden Durchfall und Darmblutung – und im nächsten Jahr auch der Nelkenwurz.

Eine andere Frau, die unweit des Botanischen Gartens der Leidener Universität wohnte, sah in ihrem Garten eine prächtige Bärenklau heranwachsen, eine Pflanze, die eigentlich lieber in einem alten Park oder im Wald wohnt als in einem Stadtgarten. Man sagte sich: Bestimmt wurde sie aus dem botanischen Garten herübergeweht. Da bekam ihr Sohn plötzlich epileptische Anfälle. Eine Freundin, die einen Kräuterkenner zu Rate zog, erfuhr dann, daß Bärenklau ein Heilmittel gegen Epilepsie ist!

Eine andere Frau sah, wie bei ihrem Küchenaufgang plötzlich eine seltsame Pflanze wuchs. Es stellte sich heraus, daß es der große Huflattich war, ein Heilmittel gegen Krebs. Wenig später wurde bei ihr diese Krankheit festgestellt.

Eine Frau wunderte sich: »Woher kommen bloß die vielen Kamillen in meinem Garten?« »Sind Sie vielleicht nervös, liebe Frau?« »Ach ja, ich kann kaum schlafen!« »Dann trinken Sie doch täglich den beruhigenden Kamillentee!«

Eine Frau, die sich vollkommen gesund fühlte, hatte ihren Gemüsegarten immer voller Vogelknöterich. Ganz unerwartet stellte ihr Arzt Zucker bei ihr fest. Hätte sie nur Tee aus diesem Vogelknöterich getrunken, dann wäre das Übel wahrscheinlich schon im Keim erstickt worden!

Eine Zwillingsgeborene, die überwiegend geistig tätig war, hatte immer viel Melde in ihrem Garten, die sie recht gerne aß. Später las sie in einem Buch, daß diese Pflanze Quecksilber enthalte, das Zwillingsmetall, das sie für ihre Denkarbeit brauchte!

Ein junger Mann, der immer unter tauben Fingern und kalten Füßen litt, also einen schlechten Blutkreislauf hatte, hatte Schafgarbe im Garten, die mit ihrem überaus feingliedrigen Blatt deutlich die Übereinstimmung mit den menschlichen Haargefäßen zeigt. Blut- und kalkarme Naturen haben viele Brennesseln im Garten – sie sollten auch reichlich davon essen!

Bei der Diskussion nach einem Vortrag über Kräuter wurde ich von einer Frau gefragt: »Was für eine Pflanze ist das, die so reichlich in unserem Garten wächst, mit vielen kleinen Blütenköpfchen an einem Stengel voller Schoten und sehr feingliedrigen Blättern?« »Das wird das Sophienkraut sein, das auch Sängerkraut heißt«, antwortete ich, »weil es so gut ist für die menschliche Singstimme«. »Wissen Sie was mein Beruf ist?«, sagte die Dame, die mich gefragt hatte. »Ich bin Sängerin, und auch mein Sohn ist Sänger!«.

Eine andere erzählte: »Im Garten meiner Nachbarin stehen viele kleine blaue Blümchen.« Ich sagte: »Vielleicht Ehrenpreis; alle runden blauen Blumen sind nach der Signaturenlehre gut für die Augen.« »Wissen Sie, was mein Nachbar ist? Er ist Augenarzt, und sein eigenes Töchterchen hat eine Augenkrankheit«. Ist das nicht eigenartig? Den ganzen Tag gehen Menschen mit kranken Augen durch diesen Garten. Ihr Heilmittel steht bereit – aber sie wissen es nicht!

Wieder ein anderer berichtet: »Als mein Vater mit Lungenkrebs darniederlag, wuchsen in unserem Garten reichlich Lungenkraut und Ringelblumen. Nachdem er gestorben war, waren jene Pflanzen aus unserem Garten verschwunden. Es ist uns aufgefallen.«

Eine Häuserreihe an einer Allee hat große Gärten voller Queckengras und Gänseblümchen: Beides kräftig entsäuernde Pflanzen, die sowohl den Boden wie den menschlichen Körper entsäuern. In der ganzen Reihe herrscht Rheumatismus, Arthritis und Hexenschuß: Leiden, die durch Harnsäure verursacht werden. Trotzdem werden die Leute dort uralt. Der Boden ist so saturnalisch konservierend, daß in den Boden vergrabene Gemüseabfälle nach Monaten noch nicht verrottet sind und ein fauler Apfel steinhart wird. Wie der Mensch, so der Garten.

So sorgt Mutter Natur für den Menschen und die Tiere. Die Katze frißt Gras, wenn ihr nicht wohl ist, und so sucht jedes Tier das Kraut, das es braucht. Nur der Mensch vernimmt die Stimme seines Instinkts nicht mehr. Der wurde ihm in der zartesten Kindheit aberzogen, als das Kind gezwungen wurde, seinen Teller leer zu essen, ohne Rücksicht auf seinen instinktiven Protest. Durch viel Elend und Schaden muß der Erwachsene später zur Einsicht kommen und durch eine Blutreinigung, am besten eine Fastenkur, den Weg wieder freimachen für die Bewußtwerdung des angeborenen Wissen. Es ist der Weg vom Herzen zum Kopf.

Unkraut ist in Wahrheit Heilkraut. Rotten Sie es nicht aus, gebrauchen Sie es und lernen Sie davon!

Haben Pflanzen Gefühle?

Wenn die Hausfrau bei der Pflege ihrer Zimmerpflanzen mit ihnen redet, dann wird sie meist von ihrem Mann nur milde belächelt. Er glaubt, daß sie ihren Pflanzen eine Seele nur andichtet. Heute haben aber wissenschaftliche Versuche gezeigt, daß die Hausfrau recht hat. Pflanzen haben eine Seele, die von ihren Freunden wahrgenommen wird. Ist es nun die Pflanze selbst, die fühlt wie ein Mensch, oder ist es die Pflanzenelfe? Diese Frage mag der Leser selbst entscheiden. Wer ein intuitives Gespür für die Pflanzen hat, kümmert sich wenig um solche theoretischen Fragen.

Die oben angesprochenen Versuche wurden mit einem Lügendetektor durchgeführt. Das ist ein elektrischer Apparat, der entsprechend den Schwingungen, die er aufnimmt, auf einem Papier Kurven aufzeichnet. Befestigt man diesen Apparat an einem Menschen, der befragt wurde, z. B. vor Gericht, dann beschreibt der Detektor eine regelmäßige Linie, solange jener die Wahrheit spricht. Bei einer Lüge dagegen erhält man einen plötzlichen Ausschlag. Die Wahrheit, die der Mensch im Herzen trägt, strömt gleichmäßig mit dem elektrischen Nervenstrom durch das Gehirn; wenn sie jedoch vergewaltigt wird, kommt es zu einer Stockung und Überkompensation dieses Stroms.

Ein solcher Detektor wurde nun an einer Pflanze befestigt, deren Schwingungsfeld, Lebensleib oder L-feld, aufgezeichnet wurde. Wenn man die Pflanze stach, ihr also Schmerz zufügte, zeigte der Detektor einen starken Ausschlag. Wenn man eine andere Pflanze im selben Raum peinigte, so reagierte die erste aus Mitgefühl genauso stark! Schließlich warf man im selben Raum eine lebende Garnele in siedendes Wasser, was die Pflanze mit einem heftig entrüsteten Ausschlag beantwortete.

Man muß sich fragen, ob dieser brutale Versuch überhaupt nötig war. Feinfühlige Menschen wissen schon lange, daß Pflanzen besser gedeihen, wenn man sie freundlich anredet oder liebevoll berührt, oder wenn man in guter Absicht täglich die Hand über sie hält und seine Liebe auf sie abstrahlt. Die dankbare Pflanze erwidert die Liebe: Der Pflanzenfreund hat dies schon oft erlebt, z. B. wenn ihm in seinem Rosengarten plötzlich eine

Woge Rosenduft entgegenweht, oder wenn bestimmte Pflanzensorten, die ihm verwandt und durch Neigung verbunden sind, gerade in einer Reihe längs seinem Gartenweg wachsen oder zu beiden Seiten seiner Haustür. So habe ich es selbst erlebt mit der Birke, die mir sehr lieb ist.

In meinem Erdgeschoß gibt es drei Terrassentüren. Neben diesen haben sich zu beiden Seiten Birken angesiedelt, sogar zwischen den Steinen des Treppenabsatzes. Eine hat sich sogar bei der Küchentür niedergelassen, und es macht ihr nichts aus, daß sich die Tür über sie hinweg öffnet und schließt.

Ein amerikanischer Fachmann auf dem Gebiet der Lügendetektoren – er nennt sie lieber Polygraphen – ist Cleve Backster in New York. Bei seinen Versuchen befestigte er zunächst einen solchen Apparat an der Pflanze, um zu sehen, ob der elektrische Widerstand des Blattes sich ändert, wenn nach dem Gießen das Wasser von der Wurzel zum Blatt aufsteigt. Zu seinem Erstaunen ergab sich eine Kurve, die der Aufzeichnung einer menschlichen Gefühlsbewegung genau glich. Im weiteren Verlauf seiner Versuche überlegte er sich, ob er nicht einmal eines ihrer Blätter verbrennen sollte. Sofort äußerte sich der Schrecken der Pflanze durch heftige Nadelausschläge. Sie konnte also auch Gedanken lesen. Auch von ferne reagierte die Pflanze auf das, was er tat oder was ihm zustieß, so wie ein Hund schon zu bellen und mit dem Schwanz zu wedeln beginnt, wenn sein Herrchen, noch unsichtbar, im Anzug ist; wenn er in seine Straße einbog, zeigte die Pflanze ihre Freude durch größere Ausschläge der Nadel, was er mittels einer Stoppuhr nachprüfen konnte. Als er einmal fast von einem Auto überfahren wurde, zeigte seine Pflanze ihren Schrecken im gleichen Augenblick. So lebt alles mit allem mit!

Ein anderes Mal ließ Backster sechs Freunde losen, wer einen bestimten Auftrag ausführen sollte. In dem Zimmer, in dem zwei Pflanzen standen, entfalteten sie ihre Zettel und derjenige, auf den das Los gefallen war, machte sich ans Werk, nachdem alle weggegangen waren. Er sollte eine der Pflanzen vernichten. Dann ging er weg. Die übriggebliebene Pflanze war an den Polygraphen angeschlossen. Daraufhin traten die sechs Personen nacheinander wieder in das Zimmer. Nur bei dem Mörder der anderen Pflanze zeigte der Apparat eine Reaktion an! Die übriggebliebene Pflanze erkannte seine Schwingung als diejenige des Mörders.

Ein andermal bat Backster einen Freund in sein Zimmer und fragte ihn nach seinem Geburtsjahr. Der Freund nannte eine falsche Jahreszahl, und sofort brachte die Pflanze entrüstet die Nadel zum Ausschlag. Dies brachte den Psychiater Dr. A. E. Esser dazu, zusammen mit zwei Mitarbeitern eine Frau in Gegenwart eines Philodendrons zu befragen, der täglich von ihr versorgt wurde. Man verband einen Polygraphen mit der Pflanze und begann mit den Fragen, wobei die Frau sowohl richtige wie falsche Antworten gab. Die Pflanze zeigte dabei alle falschen Antworten an. Man kann also einen Polygraphen statt an die befragte Person auch an eine Sache oder Person anschließen, die mit ersterer durch Gewöhnung oder durch Gefühle verbunden ist.

Wenn zwei Lebewesen, ein Mensch und eine Pflanze oder ein Tier und ein Mensch, in Übereinstimmung sind, dann verbinden sich ihre Schwingungsfelder oder Lebensleiber (Bioplasmen) zu einem. Was dann fortan das eine Wesen bewegt oder trifft, berührt auch sofort das andere. Eine Mutter fühlt oft, wenn ihrem Kinde etwas zustößt! Empfindsame Menschen treibt es manchmal unwiderstehlich an einen ihnen unbekannten Ort, und es stellt sich dann heraus, daß sie gerade im richtigen Augenblick eintreffen, um eine Schwierigkeit zu beheben. Das eine Wesen ruft das andere zu Hilfe – bewußt oder unbewußt.

Was mögen die Graspflanzen wohl empfinden, wenn wir unseren Rasen mähen und walzen? Es gibt Menschen, die angeblich das ganze Feld kreischen hören. Aber wir sind nun einmal überzeugt, daß gemäht werden muß, weil man in dem langen Gras, wenn es naß ist, nicht gehen und nicht sitzen kann. Und jetzt, wo die öffentliche Meinung sich gewandelt hat, kommen die Samenhändler plötzlich mit kurzwüchsigen Grassorten, die außerdem noch mit Blümchen besprenkelt sind – wie eine richtige Frühlingswiese! Jetzt kann man diese Grassorten bei ihnen kaufen.

Pflanzen haben auch ein Gefühl für Musik. In Kanada hat man an den endlosen, eintönigen Getreidefeldern Lautsprecher aufgestellt, die den ganzen Sommertag Musik für das Getreide spielen. Es hat sich herausgestellt, daß das Korn klassische Musik sehr zu schätzen weiß; es wächst schneller und üppiger und bildet mehr Samen. Moderne Musik dagegen hat eine gegenteilige Wirkung. So erfährt man, welche Musik vom »Himmel« und welche aus der »Hölle« kommt.

Auch Zimmerpflanzen gedeihen besonders gut in Räumen, in denen regelmäßig schön Klavier gespielt wird.

Das soll nicht heißen, daß Pflanzen in der gleichen Art und Weise hören wie der Mensch. Sie nehmen die Schwingungen der Musik in ihr eigenes Schwingungsfeld auf und erfahren so deren Einfluß. Kranke Menschen kann man ebenfalls durch geeignete Musik heilen, ob nun ihre Seele oder ihr Körper krank ist. Sogar Schall, den man nicht hören kann, weil die Schwingungen zu grob oder zu fein sind für den menschlichen Gehörsinn, haben ihre Wirkung auf das empfangende Schwingungsfeld. So heilt man bestimmte Leiden mit Ultraschall.

Inwieweit eine Pflanze bewußt ihr zugefügten Schmerz oder Kummer erleben kann, weiß der Mensch noch nicht. Wahrscheinlich hat sie ein Bewußtsein, das dem menschlichen Traumerleben gleicht. Es gibt viele Abstufungen von Bewußtsein. Die offizielle Wissenschaft wird hier gewiß noch viele Tatsachen enthüllen, die für empfindliche Menschen nichts Neues sind. Aber es ist gut, daß nun auch die andere Hälfte des Publikums überzeugt wird, wenn auch auf dem Umweg über die Ratio. Vielleicht wird dann auch dieser Teil der Menschheit etwas aufmerksamer sein im täglichen Leben, das so überreich an Überraschungen ist. Die Erfahrung, wie alles mit allem verbunden ist, kann den Menschen aus seiner unnötigen Einsamkeit erlösen.

Pflanzen unter sich

Weil Pflanzen Gefühl haben, kennen sie auch Sympathie und Antipathie. Ja, diese sind sogar noch viel intensiver als bei den Menschen, weil eine Pflanze ihren Nachbarn nicht entgehen kann. Ein Mensch kann sich von einem Partner trennen, zu dem er nicht paßt; die arme Pflanze aber ist durch ihre Wurzeln an ihren Platz gekettet. Wenn sie neben einer anderen Pflanze steht, die ihr durch Umfang oder Höhe das Sonnenlicht nimmt, so kann sie höchstens versuchen, über diese hinauszuwachsen, was aber keineswegs immer gelingt. Wenn aber der Geruch und die Ausstrahlung der Nachbarpflanze schädlich für sie sind, so kann sie sich nur ein wenig abwenden, krank werden und eingehen. So konnten früher auch Frauen ihrem Ehemann nicht entfliehen, wie brutal er auch sein mochte.

Manchmal haben wir eine Pflanze im Zimmer oder im Garten, die einfach nicht gedeihen will. Wir geben ihr Wasser, Licht, gute Temperatur, Dünger und hin und wieder ein freudliches Wort – aber sie ist nicht glücklich. Sie welkt hin und geht schließlich ein. Wie unzulänglich fühlt man sich dann als dummer Mensch, der nicht einmal die Klage einer Pflanze verstanden hat. Was war es wohl, das ihr nicht behagt hat? Wir werden es vielleicht nie erfahren. Versuchen wir wenigstens, durch sorgfältige Beobachtung den Geschmack der einzelnen Pflanzenarten zu entdecken.

Es gibt natürlich Menschen mit »einem grünen Daumen«, bei denen alle Pflanzen gedeihen. Aber bei den meisten Menschen ist es doch so, daß manche Pflanzen gut gedeihen, andere wiederum nicht. Es ist eine Frage der Verwandtschaft bzw. Ungleichheit, die abstößt.

Bei Pflanzen gibt es ganz ähnliche Verhältnisse. Es gibt Blumen, die man nicht zusammen in eine Vase geben soll; Tulpen und Narzissen z. B. sehen hübsch zusammen aus, die Narzissen aber verdorren dann sehr schnell, weil sie die stolzen Tulpen nicht mögen.

Tulpen und Flieder paßt ebenfalls nicht zusammen – der Flieder wird rasch verwelken. Rosen vertragen keine Nelken und keine Reseden.

Maiglöckchen sind entzückend und erfüllen den ganzen Raum mit ihrem Duft. Andere Blumen halten es allerdings neben ihnen nicht aus.

Wer einen bunten Sommerstrauß macht, muß gut aufpassen, keinen Mohn und keinen Eisenhut dazuzutun; diese töten die anderen Blumen. Der Mohn kommt dabei auch selber um. Aus chemischer Sicht beruhen diese Erscheinungen auf der Abgabe von Stoffen durch die eine Pflanze und deren Aufnahme durch die andere. Im nichtstofflichen Bereich wird dies jedoch von der Aussendung und Aufnahme von Schwingungen begleitet.

Züchter haben Erfahrungen darüber gesammelt, welche Pflanzen zueinander passen und welche sich nicht vertragen. Rosen z. B. sind fürstliche Blumen, die Raum um sich brauchen und kein minderwertiges Pflanzenvolk in ihrer Nähe dulden. Trotzdem entwickeln sie mehr Duft, wenn man sie in Gesellschaft von Zwiebeln und Knoblauch pflanzt! Auch Petersilie und Lupinen sind ihnen willkommen.

Der Weinstock rümpft die adlige Nase über den Kohl, und auch den Lorbeerstrauch mag er nicht. Doch die Ulme und den Mohn duldet er gerne.

Der Olivenbaum und die Eiche haben zu kraftvolle und zu andersartige Persönlichkeiten, als daß sie sich vertragen könnten. Wenn der Mensch sie nebeneinander pflanzt, biegen sie ihre Zweige voneinander weg. Dagegen liebt der Olivenbaum die Myrthe und den Feigenbaum.

Birke und Kiefer suchen einander auf der Heide; zusammen mit dem Heidekraut und den Pilzen bilden sie eine Gemeinschaft, in der es allen wohlergeht. Wenn der Mensch die Kiefern fällt, so kann die Heide sich nicht mehr behaupten und wird vom Gras verdrängt, während auch die Pilze verschwinden. Unter Blutbuchen will gar nichts wachsen. Das kommt vielleicht daher, daß sie wie es heißt, alles Böse aus der Umgebung aufsaugen, auch das der Menschen, die unter ihrem Blätterdach Tee trinken, wie man das auf alten Herrensitzen oft sieht.

Walnußbaum und Eiche vertragen einander nicht, Schlehdorn und Weißdorn ebensowenig. In diesem Fall liegt es an einer Verwandtschaft, durch welche die eine Pflanze die andere als unrein erfährt. So sieht man oft, daß mehrere Arten oder Varietäten einer Gattung einander nicht vertragen; die stärkere läßt die schwächere verkümmern. Beispiele sind Rhododendron alpinum und Rhododendron Hirsutum, Primula elatior und Primula officinalis.

Weiter gibt es trockene und wässerige Pflanzen, die nicht zusammenpassen. So scheint es, daß holzige Sträucher wie Lavendel z. B. Gurken austrocknen. »Kalte« Pflanzen scheinen dagegen die Nähe »heißer« Pflanzen wie Rettich, Meerrettich und Radieschen ganz angenehm zu finden.

Ja, was tut sich nicht alles im stillen in der Pflanzenwelt, einer Gemeinschaft für sich. Durch Beobachtung der Natur soll der Mensch entdecken, welche Pflanzen einander suchen und welche einander meiden, damit wir nicht durch falsches Kombinieren den Pflanzen das Leben schwer machen und die Große Harmonie irgendwie stören.

Freundschaft und Feindschaft im Gemüsegarten

Der Gemüsegarten gilt als Gegenstand immerwährender Sorge für den Besitzer. Man kann ihn niemals sich selbst überlassen. Nur das Unkraut wächst von alleine. Das kommt u. a. daher, daß Mutter Natur schon weiß, welche Pflanzen sie kombinieren muß; nur der Mensch macht aus Unwissenheit viele Fehler. Man glaubt, sich beim Jäten und Harken Arbeit sparen zu können, wenn man Reihen und Beete mit ein und demselben Gewächs anlegt. Das ist aber ein Irrtum. Genau wie ein Mensch will auch eine Pflanze ihre Freunde um sich herum haben, die ihr das ihr Fehlende geben können, und nicht die Feinde, die etwas für sie Schädliches absondern.

Auch soll man auf dem Beet, auf dem ein bestimmtes Gewächs geerntet worden ist, nach dieser Ernte ein anderes Gewächs pflanzen, das dem Boden andere Stoffe entnimmt und womöglich diejenigen ergänzt, die der Vorgänger entnommen hat.

Schließlich ist es gut zu wissen, was Mutter Natur schon dadurch vorgearbeitet hat, daß sie den Boden verbesserte. Die Kräuter, die sie hat aufkommen lassen, sollen wir nicht ausrupfen. Das bedeutet nur unnötige Doppelarbeit und Doppelkosten für den Gärtner.

Hierzu nachfolgend einige Erfahrungshinweise:

Kartoffeln

Pflanzen Sie Saubohnen zwischen Ihre Kartoffeln, das hält Insekten ab. Umranden Sie das Feld mit Tagetes, dann haben Sie niemals Ärger mit Kartoffelälchen, weil diese Pflanzen einen Stoff ausscheiden, der sie abschreckt. In jede Ecke des Feldes setzen Sie eine Meerrettichpflanze, dann bleiben die Kartoffeln gesund.

Besondere Freunde der Kartoffeln und für beide Seiten nützlich sind Sonnenblume (die nicht nur schön aussieht, sondern auch eßbare Kerne liefert), Taubnessel, Esparsette (eine Futterpflanze), Kapuzinerkresse, Kohl, Mais und Erbsen. Grüne Bohnen abwechselnd mit Kartoffelreihen scheinen den Kartoffelkäfer abzuhalten. Noch lieber mögen diese Auberginen; wenn man diese also um die Kartoffeln herum pflanzt, so leiten sie ab und die Käfer können leicht gefangen werden, weil sie sich ganz auf die Eierfrucht konzentrieren.

Melde wächst gut neben Kartoffeln, aber letztere gedeihen dann weniger gut. Wenn Melde und Gänsefuß im Überfluß auf einem Kartoffelacker erscheinen, ist dies eine Maßnahme der Natur, um den Boden zu verbessern, der durch die Kartoffeln in bestimmter Hinsicht erschöpft wurde.

Erdbeeren

Erdbeeren wachsen gut, wenn sie aus der Jauchegrube gedüngt werden und im Wechsel mit Borretsch gepflanzt werden. Eine Unterstreu aus Kiefernnadeln macht sie stärker und schmackhafter: Sie bekommen wieder den Geschmack wilder Walderdbeeren. Salat, Spinat und Buschbohnen befinden sich ebenfalls bei Erdbeeren in guter Gesellschaft.

Rote Bete passen gut zu Buschbohnen, Zwiebeln und Kohlrabi.

Schnittlauch am Fuß des Apfelbaumes heilt ihn von Schorf.

Bohnen

Bohnen wachsen gut, wenn man eines der folgenden Gemüse dazwischen setzt: Kohl, Blumenkohl, Karotten, Rote Bete, Sellerie, Porree und Gurken. Auch Mais gedeiht gut zwischen Bohnen, er zehrt den Stickstoff auf, mit dem die Bohnen (wie alle Schmetterlingsblütler) den Boden anreichern, Stangenbohnen darf man nicht zu Zwiebeln, Roten Beten und Kohlrabi pflanzen.

Brennesseln

Rotten Sie sie nicht aus, sondern essen Sie sie täglich bis zum längsten Tag! Sie reichern den Gartenboden mit Kalk an, vermehren den Ertrag Ihrer Obstbäume und geben Ihren duftenden Kräutern mehr Aroma. Die Pfefferminze gibt neben Brennesseln viel mehr ätherisches Öl! Brennesseljauche auf dem Komposthaufen läßt den Abfall schneller verrotten. Auf dem Misthaufen nimmt die Brennessel den schlechten Geruch weg. Außerdem bekommen Sie schöne Schmetterlinge, weil die Raupe des kleinen Fuchses sich von Brennesselblättern nährt.

Dill

Dill läßt Ihren Garten herrlich duften. Kombinieren Sie ihn eventuell mit Mais, aber nie mit Karotten. Auch Salat, Zwiebeln und Gurken wachsen gut in Gesellschaft von Dill.

Taubnessel

Diese Pflanze stimuliert alles Gemüse.

Schafgarbe

Schafgarbe stimuliert alle Kräuter und alles Gemüse.

Ringelblume

Eine Einfassung aus Ringelblumen hält Ameisen und eventuell auch Nematoden ab. Auch Rosenbeete bleiben gesünder mit Ringelblumen. Tomaten sind ebenfalls für Ringelblumen dankbar und bleiben von der weißen Tomatenfliege verschont.

Klee

Klee ist gut für das Gras und für alle Gemüse, weil er Stickstoff bindet. Butterblumen als Nachbarn verscheuchen ihn.

Knoblauch

Knoblauch, Zwiebeln, Schnittlauch und Schalotten rings um Obstbäume halten diese gesund. Rosen entwickeln in der Nähe von Knoblauch mehr Duft. Knoblauch- und Zwiebeltees können gespritzt werden, um Kartoffeln und Tomaten vor Krankheiten zu schützen; sie sind die besten Antibiotika der Natur.

Gurken

Gurken sprechen offenbar besonders gut auf Pferdemist an. Um ihr Beet haben sie gerne Sonnenblumen, Mais oder Kartoffeln, außerdem Bohnen und Reihen Kohlrabi alternierend mit Salat, oder Kohlrabi alternierend mit Wirsing. Weil man Gurken gerne saftig hat, soll man sie nicht mit trockenen und austrocknenden Pflanzen wie Lavendel oder Rosmarin kombinieren.

Kohl

Pflanzt man Salbei oder Ysop im Wechsel mit Kohlpflanzen, so hat man keinen Ärger mit der Raupe des Kohlweißlings. Bohnen wachsen gut zwischen Kohl. (Ein frisches zerdrücktes Kohlblatt auf irgendeinen schmerzenden Körperteil gelegt, zieht alles Übel heraus). Kohl und Majoran richten sich gegenseitig zugrunde.

Kopfsalat

Kopfsalat mag die Gesellschaft von Erdbeeren und Karotten. Radieschen in seiner Nähe macht er mild. Durch austrocknende Pflanzen in seiner Nähe z. B. Lavendel, wird er weniger saftig. (Der bromhaltige Kopfsalat gibt einen guten Schlaf; darum vor dem Schlafengehen einen kleinen Salat essen!).

Stachelbeeren nicht zu schwarzen Johannisbeeren.

Weißer Gänsefuß

(Chenopodium album) ist ein Gänsefußgewächs, das roh oder geschmort gegessen werden kann. Wo er übermäßig stark auftritt, soll man keine Kartoffeln mehr anbauen.

Majoran vertreibt Spinnen, Salamander und Ameisen.

Melde

Die wilde grüne Melde ist robuster und viel schmackhafter als die gelbe gezüchtete Sorte. Sie enthält Quecksilber. Man setze sie jedoch nicht neben Kartoffeln, da sie deren Wachstum behindert.

Meerrettich

Meerrettich an den Ecken des Kartoffelackers schützt durch seine Schärfe vor allerlei Krankheiten. Meerrettich bildet große Blätter und braucht viel Platz. Für den Küchenbedarf reichen etwa zwei Pflanzen. Die geriebene Wurzel, von der man nur ganz wenig in eine Milchsoße oder in Essig gibt, kann bis zu dreimal wieder in den Boden gesteckt werden. Im Herbst die Wurzel herausnehmen, sonst kriecht sie durch den ganzen Garten.

Spritzen mit stark verdünntem Meerrettichtee (1:10) schützt den Apfelbaum vor Rost.

Meerrettich konserviert Obst fünf Monate und Eier fünf Jahre.

Minze

Pfefferminze und Krause Minze für Tee und Soßen halten durch ihren starken Duft Ameisen, Mücken und andere unerwünschte

Tiere fern. Die Nachbarschaft von Brennesseln verstärkt ihr Aroma. Kamille gedeiht neben ihr besser, jedoch wird die Minze dann weniger aromatisch. Minze zwischen Gemüse hält Läuse und Blutläuse, die Larve der Schwarzen Fliege und die Raupe des Kohlweißlings fern. Im Hause kann man ein Sträußchen getrockneter Minze zur Mottenabwehr in den Kleiderschrank hängen.

Vogelmiere

Die saftigen Blättchen der Vogelmiere sind eine herrliche Rohkost, sie wirken kräftigend, harntreibend und gegen Krämpfe. Die Pflanze ist ein guter Bodendecker und hält diesen dadurch feucht. Möglichst wenig ausjäten!

Goldlack

Goldlack ist gut für Apfelbäume.

Petersilie

Petersilie ist gut für Rosen und Tomaten.

Radieschen stimulieren das Gemüse und gedeihen besonders gut bei Erbsen, Kapuzinerkresse und Kerbel; nicht dagegen bei Ysop.

Rosmarin hält die Wurzelfliege ab und gesellt sich gern zu Salbei.

Schwarzwurzel

Die Schwarzwurzel hilft den Karotten gegen die Wurzelfliege.

Beinwell

Beinwell oder Comfrey aus der Gärtnerei ist heute in England ein beliebtes Gemüse. Gegessen wird die geschmorte Wurzel. Er besitzt große Heilkraft für die Knochen.

Tomate

Tomaten und Spargel helfen sich gegenseitig. Petersilie und Brennessel sind günstig mit Tomaten, ungünstig sind Kohlrabi und Fenchel, Kartoffeln und Aprikosenbäume. Der unangenehme Geruch der Tomatenpflanze hält viele Schädlinge ab, z. B. die Raupe des Kohlweißlings.

Baldrian

Er zieht Regenwürmer und Katzen an. Er eignet sich also ausgezeichnet zur Umrandung von Gemüsebeeten, denn Regenwürmer halten den Boden locker und machen ihn fruchtbar. Aus den Wurzeln macht man einen Aufguß, mit dem man alle Pflanzen einmal pro Monat spritzt, um ihre Widerstandskraft zu stärken. Der Mensch trinkt Baldrian als krampflösendes und beruhigendes Mittel.

Fenchel

Fenchel schadet allen Pflanzen in seiner Nähe; darum sät man ihn in einen entlegenen Winkel des Gemüsegartens. Er selbst wird behindert durch die Nähe von Koriander; wenn Wermut oder Eberraute in der Nähe sind, bildet er keinen Samen.

Stiefmütterchen

Das Stiefmütterchen hilft dem Roggen auf dem Felde ebenso wie dem Hasenklee, dem Sauerklee und der Kornblume. Umgekehrt hilft der Roggen auch dem Veilchen. Man kann die Blüten essen oder einen Sirup daraus kochen, der gegen Erkrankungen der Mundschleimhaut hilft. Als Tee wirkt Stiefmütterchen zusammen mit Erdraute und Ehrenpreis gut gegen Ekzeme.

Sonnenblume

Sonnenblumen werden in Rußland immer rings um den Getreideacker gesät, und zwar erstens wegen der Kerne, die man dort den ganzen Tag kaut, und zweitens wegen der abschreckenden Wirkung auf Mäuse. Gut gedeihen Gurken in der Nähe von Sonnenblumen.

Bienenpflanzen

Für die Befruchtung von Obstbäumen und -sträuchern ist es sehr wichtig, die Bienen anzuziehen. Wenn man selbst Bienen hält, dann sind nektarreiche Pflanzen natürlich unentbehrlich im Garten.

Bienenpflanzen sind u. a. Borretsch, Thymian, Ysop, Majoran, Basilikum, Minze, Bohnenkraut, Katzenminze (Nepata), Zitronenmelisse, Petersilie, Dill, Sonnenblume, Goldrute, Holunder, Liguster und wilde Rose. Die herrliche Buddleya zieht viele Schmetterlinge an.

Pflanzen gegen Schädlinge

Nematoden: Tagetes und Ringelblumen zwischen und um das Gemüse herum setzen. Man kann auch mit der Jauche daraus spritzen: Die Pflanzen in Regenwasser stehen lassen, bis eine breiige Masse entsteht. Verdünnt anwenden.

Erdbeerrüsselkäfer: Farnkraut streuen.

Engerling: Knoblauch zwischen die Pflanzen setzen.

Laus und Blutlaus: Kapuzinerkresse rings herum säen, bei Obstbäumen die rankende Sorte. Auch die Jauche davon spritzen.

Maulwurf: Eine geschälte Knoblauchzehe in den Boden stecken. Wolfsmilch dazu pflanzen.

Motte (in Kleidung oder Teppich): Dünne Säckchen mit getrockneten Kräutern wie Lavendel, Minze, Rosmarin oder Salbei mit etwas Wermut in den Kleiderschrank hängen oder unten in die Schränke legen.

Mücke: Um nicht gestochen zu werden, die Haut mit frischen Flohkraut- oder Minzeblättern einreiben. Zerkleinerte Knospen des Faulbaums verströmen einen die Mücken lähmenden Duft. Eine Rizinuspflanze im Garten, schön, aber giftig, hält ebenfalls Mücken fern.

Mäuse: Die Blätter des Zwergholunders und der Stauden-Platt-Erbse wirken abschreckend.

Lauchfliegen: Kiefernnadeln zwischen die Pflanzen streuen.

Fliegen: Frisches Eichenlaub hält Fliegen fern, außerdem die Farbe Blau. Zerkleinerte Knospen des Faulbaumes lähmen sie.

Raupen: Salbei, Ysop und Minze zwischen das Gemüse setzen.

Schnecken: Sägemehl oder Eichenlaub um die Gemüsebeete streuen.

Flöhe, Erdflöhe und Blattläuse: Spritzen mit Tabakbrühe, am besten morgens, wenn der Tau noch auf den Blättern liegt. Man kocht 1 kg Tabakrippen (Abfall aus einer Zigarrenfabrik) mit 1 l Wasser, bis es eine kräftige braune Farbe angenommen hat. Mit Regenwasser verdünnen und ausbringen.

Wurzelfliege: Wurmfarn streuen. Spritzen mit Zwiebel-, Lauch- oder Schnittlauchjauche.

Pflanzliche Nahrung

Wenn Pflanzen wirklich Gefühl haben, muß es für sie nicht angenehm sein, daß wir Menschen sie ohne weiteres abreißen und, nachdem wir sie feingehackt und totgekocht haben, verzehren. Vegetarier, die die Todesangst der Schlachttiere, die ins Schlachthaus getrieben werden, nicht auf ihrem Gewissen haben wollen, sehen sich nun mit der gleichen Schwierigkeit den Pflanzen gegenüber konfrontiert. Solange man aber noch nicht von der Luft leben kann, wird man doch Pflanzen als Nahrung verwenden müssen. Es kommt aber viel darauf an, wie man das tut.

Wenn ein Balinese ein Huhn schlachtet, um es zu verzehren, so sagt er erst: Huhn, ich muß dich töten, weil ich Hunger habe. Nimm es mir nicht übel!

So ähnlich könnte auch unser Bewußtsein und Verhalten der Pflanze gegenüber sein. Wenn die Großgärtnereien für die Stadtbevölkerung einst der Vergangenheit angehören werden und jede Hausgemeinschaft mit Liebe ihren eigenen Garten pflegen wird, dann wird sich für die Pflanzen schon viel geändert haben. Nicht mehr in schnurgeraden Reihen ohne jede Wechselwirkung auf kahlem Boden gezüchtet, ohne jede Zwiesprache mit den Insekten, wird die Pflanze nicht mehr das Gefühl bekommen, sie werde von Geburt an nur als ein Stück Essen betrachtet. In einem guten Garten darf sie ein natürlicheres Leben führen. Sie empfängt hin und wieder ein freundliches Wort und herzliche Gefühle – nicht, weil sie uns dereinst munden wird, sondern um ihrer selbst willen. Man begibt sich täglich vor der Mahlzeit in den Garten und sammelt von jeder Pflanze, was man braucht.

Wenn wir alles waschen, anmachen und roh mit einem ehrlich gemeinten Dankgebet verzehren, dann kann ein gutes Verhältnis entstehen zwischen Mensch und Pflanze, wenn man ihr auch den schmerzlichen Prozeß des Kauens nicht ersparen kann.

Allmählich kann der Mensch dann vielleicht sogar lernen, auf Wurzel, Stengel, Blatt und Blüte zu verzichten und sich mit Früchten und Samen zu begnügen.

Die Pflanze läßt diese Teile ja selbst aus ihrem Überfluß heraus fallen, und sie hat immer so viele Früchte, daß ihre Fortpflanzung auch dann nicht gefährdet ist, wenn der Mensch einen großen Teil davon als Nahrung zu sich nimmt. Früchte und Samen sind: Getreidekörner, Nüsse, Hülsenfrüchte, saftige Früchte und kleine Samenkörner. Dies ist nun gerade der nahrhafteste Teil einer Pflanze, weil in ihren Samen alle Energie der ganzen Pflanze konzentriert ist. Im rohen Samen steckt die gewaltige Lebenskraft, die einen ganzen neuen Baum erschaffen kann oder eine Pflanze, die selbst wiederum Millionen neuer Samen bilden kann. Die alten Atlanter gebrauchten die Kraft des Samens so, wie wir heute Erdgas und Elektrizität gebrauchen: als Energie für allerlei praktische Zwecke.

Die abgehärteten römischen Soldaten eroberten fast ganz Europa in langen Märschen, Hitze und Kälte ertragend, und sie aßen in 24 Stunden nichts weiter als eine Handvoll Weizen, den sie über Nacht einweichten. Sollten wir dann nicht mit unserem Müsli aus verschiedenen Kornsorten auskommen können, kombiniert mit fetten, eiweißreichen Nüssen im Winter und ergänzt durch frische saftige Früchte im Sommer? Wer schwere Arbeit verrichten muß, nimmt nahrhafte Hülsenfrüchte dazu, eventuell gekocht. Hunger ist der beste Koch! Zarte Naturen streuen noch etwas Mohnsamen, Sesamsaat, Leinsamen u. ä. darüber, und der Mensch kann gesund, kräftig und zufrieden sein, ohne irgendeine Pflanze zu zerstören.

Wenn wir uns auf eine solche Ernährungsweise umstellen könnten, auf die ja auch unser Gebiß eingerichtet ist, dann würde bald keine Rede mehr sein von einem Welthungerproblem. Das ist nur eine Folge unserer Dummheit, Kurzsichtigkeit und Geldgier. Vitamine liefern die Wildpflanzen zur Genüge, auch den größten Teil der benötigten Mineralstoffe. Eiweiß, Kohlehydrate und Fette gibt die Mutterpflanze ihrem Samen als Nahrungsvorrat für den Keimling mit. Die Früchte und Samen, die am reichsten an solchen Stoffen sind, werden schon seit Tausenden von Jahren als Nahrungspflanzen angebaut. Die Sojabohne kann alle Völker der Welt mit billigem, ausgezeichnetem Eiweiß versorgen. Die USA bauen soviel davon an, daß ihre ganze Bevölkerung davon leben könnte, wenn sie vegetarisch leben, d. h. auf tierisches Eiweiß verzichten wollte. Doch was wird getan? Die ganze Ernte wird an das Vieh verfüttert, das mit seinem Fleisch nur einen Bruchteil des Eiweißes liefert, das es in seinem Leben gefressen hat. Das ist eine höchst unwirtschaftliche Politik.

Es ist auch gar nicht notwendig, die Sojabohne in der Fabrik zu verarbeiten zu sogenanntem Kunstfleisch. Als ob der Mensch den Geschmack von Speck, Schinken und Beefsteak nicht entbehren könnte! Seit Jahrhunderten macht im Orient jede Familie aus der Sojabohne den käseartigen Stoff Tahn, den man bei uns in jedem makrobiotischen Laden bekommt. Dies ist das billigste pflanzliche Eiweiß, von ausgezeichnetem Nährwert und mit Kräutern leicht schmackhaft zuzubereiten. Man kann es auch roh als Quark zu Obst und Gemüse verwenden.

Bei den Fetten gilt, daß das gesündeste Produkt das pflanzliche Öl ist, das ohne Erhitzung aus Samen gepreßt wurde. Hier stehen uns zahlreiche Ölsaaten zur Verfügung.

Wenn die Weiden, auf denen heute das Schlachtvieh grast, zu Äckern umgepflügt werden, auf denen Getreide, Hülsenfrüchte, Kartoffeln und für eine Übergangsfrist noch etwas Gemüse wächst, und wenn man diese Äcker mit Obst- und Nußbäumen umgibt, in denen Vögel nisten können, die unerwünschte Insekten verzehren, dann wird es genug gesunde und angenehme Nahrung für alle geben. Ohne Gift, ohne Kunstdüngerfabriken, ohne Mord an Pflanze und Tier.

Düngend mit den abgestorbenen Pflanzenresten, wie es auch Mutter Natur tut, sind wir dann zum natürlichen Kreislauf der Stoffe zurückgekehrt – zu unser aller Heil.

Es gibt genug Boden und Wasser auf Erden. Der Mensch hat auch genügend Intelligenz, um die Wüsten fruchtbar zu machen, wie das Beispiel der Negev-Wüste zeigt. Wo ein Wille ist, ist auch ein Weg.

Wenn der Wille nur vorhanden ist.

Pflanze und Mond

Wie der Astrologe weiß, ist unser heutiger Mond (Luna) einst aus der Erde geboren worden und hängt auch heute noch aufs engste mit unseren irdischen Geschicken zusammen. Während die Sonne, die bei den Alten männlichen Geschlechts war, ihren Lichtsamen aussendet, der in der Atmosphäre in Form der unsterblichen Zellkerne aller Lebewesen der Erde vorhanden ist, ist es Frau Luna (der Mond), die durch ihre Gewalt über das Wasser der Erde die Kerne zur Teilung bringt und so ihre Verkörperlichung bewirkt. Der Mond beherrscht das Äthergebiet zwischen der Erde, auf der sich die lebenden und wachsenden Gestalten aufhalten, und seiner eigenen Bahn. Er verfügt über Inkarnation und Exkarnation, über die Bekleidung mit einer stofflichen Hülle und deren Ablegung. Als Frau Luna begleitet er die Seelen, die auf Erden in einem Mutterschoß Wohnung nehmen wollen, aber auch die Seelen der Verstorbenen, die ihre irdische Gestalt abgelegt haben.

Die Muster, nach denen der Mond baut, kommen von den Sternen und den Zeichen des Tierkreises. So regieren Sonne, Mond und die Sterne das Werden und Vergehen der irdischen Schöpfung.

Der Mond zieht auf der ihm zugewandten Seite der Erde das Wasser an sich. So läßt er im Zusammenwirken mit der Sonne in den Weltmeeren Ebbe und Flut entstehen. Gleichzeitig zieht er das Wasser in allen lebenden Wesen an. Mensch, Tier und Pflanze sind daher nicht immer gleich wasserreich. Die Wirkung des Mondes ist um so stärker, je mehr Sonnenlicht er auf die Erde zurückwirft. Daher ist bei Vollmond alles sehr wasserreich, bei Neumond alles sehr trocken. Beim Umlauf des Mondes, das ist die Zeit, in der er von der Erde aus einmal den Tierkreis durchläuft, sind zwei gegensätzliche Phasen zu unterscheiden:

Zunehmender Mond: Steigen des Wassers, dadurch viel Zellteilung, Keimung, Verkörperlichung, Inkarnation, Konkretisierung der ätherischen Muster in stofflicher Form.

Abnehmender Mond: Fallen des Wassers, dadurch Austrocknung und Absterbeprozesse, Exkarnation, Abstrahierung der stofflichen Formen.

Wenn ein Plan, der ja ein ätherisches Muster in der Seele ist, sich rasch verwirklichen soll, dann muß man ihn kurz nach Neumond in Angriff nehmen; dann wird seine Verwirklichung zwei Wochen lang gut voranschreiten. (Hitler begann seine Blitzkriege auf Anraten seines Astrologen am ersten Tag nach Neumond; viele Länder hatte er auch tatsächlich innerhalb von zwei Wochen erobert). Geht man auf Reisen, beginnt man mit dem Bau eines Hauses oder eines Schiffes, dem Schreiben eines Buches, dem Malen eines Bildes, will man geschäftlich verhandeln oder in den Stand der Ehe treten: Immer ist Neumond die beste Zeit zum guten Gelingen des Vorhabens.

Will man dagegen etwas abbrechen, abreißen, zerlegen, ernten (unterirdische Pflanzenteile), dann muß man kurz nach Vollmond beginnen und hat dann zwei günstige Wochen vor sich.

Die Pflanzenwelt ist besonders eng mit dem Mond und seinen Phasen verbunden, da der Mond den Bereich des vegetativen Lebens beherrscht. Der Gärtner tut daher gut daran, bei allen seinen Arbeiten die Phasen des Mondes zu berücksichtigen.

Gesät wird bei zunehmendem Mond; rasch auflaufende Samen einige Tage nach Neumond, langsam keimende Samen früher.

Pflanzen, die nach dem Umsetzen gut einwurzeln sollen, muß man abends oder nachts bei abnehmendem Mond verpflanzen, da dann das Wasser in die Wurzeln geht.

Die Ernte von Obst oder Gemüse, das besonders saftig sein soll, legt man in die Zeit kurz vor Vollmond.

Holz, das als Bauholz oder Brennholz verwendet werden soll und daher trocken sein muß, schneidet man bei abnehmendem Mond oder kurz vor Vollmond.

Hecken (oder das Haar) schneidet man, wenn man sie (es) etwas dichter wünscht, zu Beginn des zunehmenden Mondes; wenn man jedoch etwas weniger Wuchs wünscht, bei abnehmendem Mond.

Weißkohl für Sauerkraut, den man bei zunehmendem Mond kurz vor Vollmond schneidet, läßt das Faß überlaufen.

Okulieren und Pfropfen muß man natürlich bei zunehmendem Mond.

Bei Wurzelgemüse (Karotten, Rote Bete) kann man an den Ringen sehen, wie alt es bei der Ernte war, da jeder zunehmende

Mond einen Ring hinzufügt, wie auch ein Baum Jahresringe bekommt. Bei der Zwiebel wächst bei jedem zunehmenden Mond eine neue Schale.

Es gibt richtige Mondpflanzen, die bei zunehmendem Mond jeden Tag ein Blatt bekommen und bei abnehmendem Mond jeden Tag ein Blatt verlieren.

Die Tage, auf die der Neumond, das erste Viertel, der Vollmond und das letzte Viertel fallen, sind kritisch und für nichts zu gebrauchen, und zwar insbesondere die drei Stunden vor und nach dem genauen Zeitpunkt. In vielen Tageszeitungen, in Kalendern und Almanachen kann man diese Zeitpunkte finden, außerdem auch in manchen Ephemeriden.

Für die Gartenarbeit wichtig ist die Kenntnis des Tierkreiszeichens, in dem sich der Mond gerade befindet. Es wird jedem einleuchten, daß Wasserzeichen für nasse Arbeiten gut sind, Erdzeichen für Arbeiten im Boden wie Säen, Verpflanzen, Auspflanzen, Umgraben usw. Luftzeichen sind gut geeignet für das Säen und Stecken von Pflanzen, die schnell in die Höhe wollen und solche, die sich ranken, z. B. Kletterbohnen, Wicken u. a. Feuerzeichen eignen sich nur für die Ernte scharfer Gewächse wie Radieschen, Kresse, Rettich, Senf, Meerrettich, Samen der Kapuzinerkresse, da diese dann am pikantesten sind. Außerdem immer in Erd- und Wasserzeichen säen, das sind die sog. fruchtbaren Zeichen (Stier, Krebs, Jungfrau, Skorpion, Steinbock, Fische).

Niemals etwas im Zeichen der Fische ernten, da sonst rascher Verderb eintritt.

Gedüngt wird am besten im Zeichen des Skorpions im letzten Viertel, gejätet im Zeichen der Jungfrau.

Kartoffeln legen und Zwiebeln stecken soll man bei abnehmendem Mond in einem Erdzeichen, sofern sie nicht schnell austreiben sollen.

Blütenpflanzen sät man im Zeichen des Stiers, der Waage oder der Jungfrau.

Zum Einmachen bestimmten Gemüses sät und erntet man im Zeichen des Steinbocks, das verhärtend wirkt.

Alles, was zarte Blätter und saftige Früchte bekommen soll, sät man vorzugsweise in den Wasserzeichen Krebs, Skorpion oder Fische (letzteres jedoch nur bei Früchten, die für den sofortigen Verzehr bestimmt sind).

Alles, was wegen seiner unterirdischen Teile gesät wird (Knollen, Zwiebeln, Wurzelgemüse), verlangt nach einem Erdzeichen: Stier, Jungfrau oder Steinbock.

Blumen und Kletterpflanzen sät man unter Luftzeichen: Bei Zwillingen die Kletterpflanzen (Erdbeeren, Stangenbohnen, kletternde Kapuzinerkresse), bei Waage Blumen. Waage ist auch das Zeichen, in dem man bei abnehmendem Mond am besten Obstbäume pflanzt. Wassermann ist dagegen ungünstig.

Generell ungünstig sind die Feuerzeichen, da sie zu heiß sind; was schnell wachsen muß, paßt vielleicht zum Widder, und was rasch aufschießen soll, zum Schützen.

Der Samen gewinnt am besten in der letzten Woche des abnehmenden Mondes. Obst zur Einlagerung erntet man im letzten Viertel des Mondes im Zeichen des Stiers.

Das Korn bringt man bei zunehmendem Mond im Zeichen des Widders, des Löwen oder des Wassermanns ein; dann ist es durch das Zeichen gut trocken, und die Körner sind trotzdem groß.

Das Ausbringen von Spritzmitteln zur Schädlingsbekämpfung, z. B. Brennesseljauche, erfolgt am besten bei Jungfrau oder Skorpion.

Es gibt natürlich auch echte Mondpflanzen. Das sind vor allem diejenigen, die abends oder nachts blühen und am stärksten duften und dadurch Nachtfalter zu ihrer Bestäubung anlocken. Ein Beispiel ist das Geißblatt. Eigenartig ist auch die Nachtkerze (Oenothera), die wild und als Zierpflanze vorkommt. Wenn in der Abenddämmerung der Mond aufgeht, beginnt sich die Blütenknospe zu drehen, löst sich und springt plötzlich auf.

Auch die Mondviole ist, wie ihr Name schon sagt, eine Mondpflanze. Hierher gehören auch die Pflanzen aus der Familie der Nachtschattengewächse wie der Schwarze und der Bittersüße Nachtschatten, die Kartoffel, der Tabak und die Tomate. Außerdem der nachts blühende Kaktus, die Königin der Nacht (Selenicereus grandiflorus).

Weiterhin sind alle wasserreichen Pflanzen echte Kinder des Mondes, z. B. Gurke, Kürbis, Melone, sowie die in und auf dem Wasser lebenden Pflanzen wie Wasserlilie, Teichrose u. a., und die Uferpflanzen wie etwa die Weide.

Schließlich sind auch noch zu nennen alle Pflanzen mit halbmondförmigen oder ovalen Blättern, die man sich als aus zwei Halbmonden zusammengestellt denken kann.

Natürlich gehört eine Pflanze wie auch der Mensch niemals nur zu einem Zeichen oder einem Himmelskörper; man ordnet sie lediglich dem Zeichen oder Planeten zu, der in der äußeren Erscheinung oder der Lebensweise deutlich vorherrscht.

Mondpflanzen regen im Menschen die Bereitstellung und Zirkulation der Flüssigkeiten an, d. h. also die Drüsentätigkeit, die Menstruation, die Harnausscheidung und die Transpiration. Daher ist z. B. Gurkensaft ein gutes Getränk zur Kreislaufunterstützung für Frauen in den Wechseljahren.

Klimmende Mondpflanzen ranken linksherum (Yin) und sind daran zu erkennen (z. B. die Thunbergia alata, auch »Susannas schöne Augen« genannt). Die rechtsdrehenden gehören zur Sonne, z. B. der Hopfen.

Mondpflanzen beeinflussen beim Menschen natürlich auch das Gefühlsleben (Vogelmiere, gut gegen Krämpfe), das Gedächtnis (Cashewnüsse, so krumm wie die Mondsichel!) und die geistige Leistungsfähigkeit.

Rankende Schmetterlingsblütler können sehr kräftigend auf das Nervensystem wirken und als Nahrungsmittel sehr gehaltvoll sein. (Bohnen).

Pflanzen und Strahlungen

Pflanzen reagieren genauso stark auf Schwingungen und Strahlen wie der Mensch. Aber der Mensch achtet ja so wenig auf seine eigenen Reaktionen. So müssen ihm die Pflanzen erst offenbaren, was bei ihm im Unterbewußtsein verlorengeht.

Die Pflanzen entsprechen dem Lebensleib des Menschen, seinem Kraftfeld, das von elektrischen und magnetischen Strömen durchflossen wird. Pflanzen offenbaren diese Ströme durch ihr Äußeres und ihren Zustand. Tiere halten sich instinktiv von Orten fern, deren elektromagnetisches Feld ihnen nicht zusagt. Nur der Mensch, der mit seinem Verstand für die Warnungen des Instinkts taub geworden ist, bemerkt schädliche Strahlungen erst, wenn es zu spät ist – an den Folgen. Bis der Mensch wieder gelernt hat, seinem Instinkt zu vertrauen, kann er an den Pflanzen ablesen, was bei ihm nicht zum Bewußtsein durchdringt.

Erdstrahlen

Die sog. Erdstrahlen entstehen durch das Aufeinandertreffen kosmischer Strahlen mit bestimmten Stoffen oder Zuständen im Erdboden. Gefürchtet sind die Kreuzungen unterirdischer Wasseradern; sie stören die Harmonie im Lebensleib von Pflanze, Tier und Mensch. Die Bauern kennen das, wenn das Vieh an bestimmten Stellen im Stall nicht schlafen will. Kommt dann der Rutengänger, stellt er fest, daß der von Kuh oder Schwein gemiedene Ort Erdstrahlen aufweist.

Bestimmte Pflanzen wachsen aber gerade bevorzugt auf Erdstrahlung und absorbieren deren Schwingungen. Dies sind u. a. Erdbeeren, Hirtentäschel, Tollkirsche, insbesondere aber Brennnessel und Mistel.

Wer über Erdstrahlen schläft und für sein Bett keinen anderen Platz finden kann, kann sich schützen, indem er unter das Bett hin und wieder frische Brennesseln oder Farnwedel legt. Noch besser ist es, auf einer Matratze zu schlafen, die mit getrocknetem Farnkraut und Brennesseln gefüllt ist. Kindermatratzen waren früher immer mit Farn oder Seegras gefüllt. Am besten eignet sich hierfür der Wurmfarn (Dryopteris filix-mas). Dieser schützt den Schläfer auch vor Rachitis, Rheuma, Krämpfen und Schmerzen in den Beinen, d. h. er wirkt antisaturnalisch.

Die Erdbeere setzt diese Strahlung in Radioaktivität der Kerne um, die auf dem fleischigen Fruchtboden sitzen. Diese Radioaktivität ist es, die die Erdbeere für manche Menschen ungenießbar macht.

Die Mistel ist ein eigener Fall. In der keltischen Kultur unserer Vorfahren war die Mistel hoch geschätzt. Am sechsten Tag nach Neumond gingen die Druiden (Priester, Volksführer), in lange, weiße Leinenkleider gehüllt hinaus, um die Mistel mit einer silbernen Sichel vom Eichbaum zu schneiden. Sie wurde mit einem leinenen Tuch aufgefangen und später zu einem Amulett oder zu einer Arznei verarbeitet. Insbesondere wandte man sie bei Epilepsie (Fallsucht) an, dem lanc-evel des Mittelalters. Später wurde sie wie so viele heilige Heilkräuter des Altertums zu einem Gewächs des Teufels erklärt, und die Bauern und Züchter wurden angewiesen, die Mistel überall auszurotten, wo man sie auf Eichen und Obstbäumen antraf. Durch kurzsichtigen Eigennutz betrachtete man diese Pflanze, die keine normalen Wurzeln bildet, sondern nur Saugwurzeln, mit denen sie sich vom Saft der Bäume nährt, als schädlichen Schmarotzer. Erst in unserer Zeit hat man entdeckt, daß die Mistel nur auf Bäumen erscheint, die bereits ein wenig krank sind: Sie haben Krebs. Je mehr nun die Mistel auf diesen Bäumen »wuchert«, desto mehr verschwinden die Krebsgeschwüre! Sie ist daher gerade ein Heilmittel gegen Krebs, was mittlerweile an den Bäumen, aber auch bei Mensch und Tier bestätigt wurde.

Bäume mit Krebs findet man an Orten mit Erdstrahlung. Menschen und Tiere, die an dieser Krankheit leiden, ebenfalls. Wie wirkt nun die Mistel? Sie absorbiert sowohl die Strahlung als auch das Gift, das die übermäßige Strahlung in dem Organismus erzeugt hat.

Erdstrahlen erzeugen ein rechtsdrehendes Kraftfeld, das Verdichtung, Verstofflichung, Inkarnation bewirkt. Ein Übermaß davon führt zum Aufbau überflüssiger Formen, zu Wucherungen. Dies ist kein absolutes, sondern ein relatives Übermaß, das einen Widerstand überschreitet, der die Ausbreitung hemmt. Die Mistel sowie auch die linksdrehenden Kletterpflanzen (z. B. die Winde) haben ein linksdrehendes Kraftfeld (Lebensleib). Dies sind die Mondpflanzen. Die rechtsdrehenden Lebensleibe findet man bei den Sonnenpflanzen. Besonders empfindlich für Erdstrahlen ist die Zimmerlinde. Wo sie gedeiht, gibt es keine Strahlung.

Erdstrahlen sind nicht für alle Menschen, Tiere und Pflanzen schädlich. Menschen, die körperlich schwach (Yin) und überempfindlich sind, können durchaus etwas Erdstrahlung (Yang) brauchen.

Im Tierreich werden Ameisen, Bienen und Eulen von Erdstrahlung angezogen.

Ameisenhaufen entstehen auf Erdstrahlen, und Ameisenstraßen verlaufen über unterirdische Wasseradern. Zum Fernhalten von Ameisen pflanzt man Ringelblumen um das Haus, die auch ein Heilmittel gegen Krebs sind.

Bienenschwärme lassen sich an strahlungsreichen Orten nieder, und je stärker die Strahlung ist, desto größer und fleißiger wird das Bienenvolk. Wildbienen suchen sich gerne eine Höhlung in einem kranken Baum, und oft geschieht es, daß der Baum wieder gesundet. Durch die Ameisensäure im Honig, die die Biene dem gesammelten Nektar zufügt, wird die Luft für die Strahlung unzugänglich. Bienengift (homöopathisch: Apis) ist ein Heilmittel gegen die Leiden, die durch Erdstrahlung verstärkt werden: Rheuma und Krebs. Imker leiden selten an diesen Krankheiten.

Mücken tanzen ebenfalls gerne an einem bestrahlten Ort.

Tiere, die Erdstrahlen meiden, sind u. a. Hunde, Störche und Schweine. Hunde sind Yang, extravertiert, Katzen dagegen Yin und introvertiert. Wo der Storch sein Nest baut, gibt es keine Erdstrahlen!

Da der Blitz bevorzugt über Wasserläufen einschlägt, heißt es im Volksglauben, daß der Storch gegen Blitzschlag schützt. Pflanzen, die davor schützen, wie z. B. die Hauswurz, sind auch Heilmittel gegen Krebs usw.

Aquariumpflanzen gedeihen gut auf Erdstrahlen, d. h. über Wasserläufen. Das Wasser steht in Analogie zum Mond und zum Gefühlsleben von Mensch und Tier. Beim Menschen kann man daher auch beobachten, daß seine Empfindlichkeit und Reizbarkeit um so größer wird, je mehr Wasser sein Körper enthält (man denke an die medial begabten, wassersüchtig dicken Frauen!) und je näher er sich an Erdstrahlen befindet.

Die Pflanze als Wünschelrute

Mit der Wünschelrute gehen heißt, eine Untersuchung auf ätherischem Gebiet durchführen. Mit der Wünschelrute kann man die Schwingungen der Sterne erforschen, aber auch den Erdboden, dessen verborgene Schätze, Wasser- und Erzadern, ihre Schwingungen zur Oberfläche senden. Seit alters her macht man die Wünschelrute aus einem gegabelten Haselzweig, der im Frühjahr gewachsen und in der Zeit um Johanni an einem geeigneten Tag und zur richtigen Planetenstunde geschnitten wurde; mit einem solchen Zweig kann man Erdstrahlen und Erzadern feststellen. Zum Nachweis von Wasser nimmt man jedoch besser einen gegabelten Weidenzweig, da die Weide stark mit dem Wasser verbunden ist.

Zum Schneiden geht man am besten in der Nacht vor dem längsten Tag (21. Juni) gegen Mitternacht mit einem neuen und in Weihwasser getauchten Messer rückwärts auf den Haselstrauch zu. Mit der linken Hand, die in weißes Leinen gewickelt ist, zieht man den ausgewählten Zweig unter den Beinen hindurch nach vorne, spricht eine geeignete Beschwörungsformel und schneidet ihn ab. Diese Rute wird immer von der gleichen Person und von niemandem sonst gebraucht – schweigend und würdig. Die beiden Enden der Gabel versieht man mit einem Zeichen, damit man weiß, welches Ende man mit der rechten und welches man mit der linken Hand halten muß. Die Rute gewöhnt sich nämlich an ihren Träger und regelt die Bahn ihrer Moleküle so, daß der persönliche Strom des Wünschelrutengängers möglichst glatt durchgeleitet wird.

Die Hasel ist seit alters her ein heiliger Baum, der dem Menschen sehr gut gesinnt ist. Der Verzehr von Haselnüssen erhöht den Blutdruck und wirkt gefäßverengend. Die Wohnstätten weiser Frauen waren im Altertum häufig von Haselnußbäumen umgeben (z. B. bei Rotkäppchens Großmutter).

Wenn nun der Wünschelrutengänger die beiden Enden des Gabelzweigs festhält und geradeaus geht, schlägt irgendwo das dritte Ende kräftig nach unten aus. Dort befindet sich das Gesuchte. An der Anzahl der Ausschläge erkennt der Wünschelrutengänger, wie viele Meter es sich unter der Erdoberfläche befindet (jedenfalls dann, wenn er das mit seiner Rute so abgemacht hat). Zuvor hat er sich kraft seiner Gedanken auf das Gesuchte eingestellt, ob das nun Erdstrahlen sind, Wasser, ein vergrabener Schatz, die Fundamente verschwundener Gebäude oder was auch immer. Die Gedankenschwingungen des Rutengängers und die Schwingung des Gesuchten finden über die Rute zueinander.

Um bestimmte Stoffe oder Erzadern im Boden zu finden, braucht man manchmal gar keine Wünschelrute. Viele Pflanzen zeigen nämlich durch ihren Standort bereits an, daß sich dort im Boden die Stoffe befinden, die sie für ihre Entwicklung und ihre besonderen Eigenschaften braucht.

So fand ich einst im Solling den sehr seltenen Siebenstern, eine Pflanze mit einer siebenblättrigen weißen Blüte. Auf dem Gelände war ein Eichenwald gerodet worden, und nur ein tausendjähriger Baum war übriggeblieben. Die Blume wuchs bei einer Quelle, die bei den Menschen der Umgebung wegen ihrer Heilwirkung für Leber und Galle sehr beliebt war. Ich erkannte sofort, daß es sich um einen stark von Jupiter beeinflußten Ort handelte, denn Eiche und Siebenstern stehen unter seinem besonderen Schutz. Die Griechen verehrten die Pflanze als Zeus in heiligen Eichenwäldern, u. a. bei Dodona. Es zeigte sich, daß Wasser und Boden dort Zinn enthielten, ein dem Jupiter zugeordnetes Metall, das verdünnt als Stannum eine homöopathische Arznei ist, u. a. für die Leber. Man kann sich darauf verlassen, daß der Boden dort, wo der Siebenstern wächst, Zinn enthält. So findet man in Südlimburg im Geultal, wo es Zinkvorkommen gibt, das seltene Zinkveilchen.

In England wächst wild eine Pflanze, die eigentlich in wärmeren Klimazonen beheimatet ist, in Mexiko und Asien, der Giftsumach (Rhus toxicodendron), der homöopathisch als Rheumamittel verwendet wird. Er beruhigt die Nerven, wirkt aber auch giftig narkotisch. Schon in der Nähe des Baums ergreift den Menschen Übelkeit. Arbeiter, die Zweige absägten, wurden blind. Abends, wenn der Baum einen starken Duft aussendet, bekommt der Mensch einen Hautausschlag. Der Saft wird zum Gerben und Färben verwendet. Wo diese Pflanze wächst, enthält der Boden Bleierz. Dieses wird ebenso dem Saturn zugeordnet wie das Rheuma.

In China, Japan und Australien (Queensland) wächst eine Zierkirsche, die auf Gold- und Silbererzvorkommen hinweist. In Amerika ist es die Wunderblume, die Silber anzeigt, sowie in Mexiko die Palmlilie (Yucca filamentosa) und in Montana der Vogel-Knöterich.

Raute und Lebermoos deuten auf Kupfer hin, und in Frankreich hat man durch das Vorkommen von Lepidodendron neue Steinkohlenlager entdeckt.

In Südafrika zeigt der Wasserdorn Diamentenfelder an.

Im Gebiet der Sieg ist dort, wo der Huflattich wächst, Blei zu finden.

Will man wissen, wo Platinerz liegt, dann suche man nach Stellen, wo gar nichts wachsen will.

In Spanien weiß man, daß dort Phosphat zu finden ist, wo eine bestimmte Windenart wächst.

Jede Pflanze keimt da, wo sie ihr ideales Nährstoffangebot vorfindet. So wissen wir, daß Mutter Natur auf sauren Böden die kalkeinbringenden und entsäuernden Pflanzen wachsen läßt, das Gänseblümchen, den Sauerampfer und den Sauerklee, und daß dort Rhododendron und Azalee besonders gut gedeihen. Kalkstein sagt den Buchen (z.B. in der Schwäbischen Alb) und dem Schlehdorn zu. Die Brombeere wird auf Lehm und Löß am wohlschmeckendsten.

Wo Sand und Lehm aneinandergrenzen, steht die Ackerdistel.

An den versalzten Stränden wachsen salzliebende Pflanzen wie Queller, Löffelkraut, Salzkraut, Strandmelde und Strandaster.

Gute Trinkwasserqualität gibt es dort, wo die Brunnenkresse wächst.

Giftiges Gas kann durch Tomatenpflanzen nachgewiesen werden. Diese rollen ihre Blätter ein, wenn in der Luft z.B. eine Erdgaskonzentration von 1:200000 herrscht.

Pflanzen der Gattung Astragalus (Stragel) ziehen aus der Erdkruste das Halbmetall Selen an, das zum Mond gehört. Dieses ist sehr fein über die Erde verteilt und muß daher in umständlichen und teuren Verfahren gewonnen werden. In der Asche dieser Pflanzen ist jedoch das Selen manchmal bis zu tausendfach gegenüber dem Boden angereichert, auf dem sie wachsen. Dadurch ist in den Vereinigten Staaten der Berufszweig des Selenium farming entstanden: Man pflanzt Stragel an, u.a. in Nebraska. Dabei können pro Hektar teilweise mehr als ein Zentner Selen geerntet werden.

Der Stragel gehört zu den Schmetterlingsblütlern. Eine Art, Astragalus molissimus, die in Europa, Asien und Kanada vorkommt, enthält dasselbe Glycyrrhicin wie Süßholz und wird daher auch Süßholz-Tragant (Liquorice vetch, réglisse sauvage) genannt. Es wirkt beim Menschen erfrischend und nervenstärkend, entwässernd und schleimlösend.

Eine andere Stragel-Art der Gruppe Tragacantha wächst in Kleinasien, Südrußland und dem Himalaya als kleiner Strauch. Dieser wirkt klebend, erweichend und laxierend.

Der Süßholz-Tragant ist wohl die Art, die das Selenium anzieht.

Die Pflanze als Alchemist

Es ist ein mühsamer Prozeß, bis die alten Wahrheiten aus der ersten Entwicklungsphase des menschlichen Denkens in der dritten wiederentdeckt werden. Geschieden werden beide durch die zweite, die rationale Phase, in der das vereinfachte Denken sich mit der Reduktion auf die stofflichen Erscheinungen begnügt und zwischen diesen mit dem Verstand bestimmte Zusammenhänge konstruiert. So hat man lange Zeit geglaubt, daß es nur eine bestimmte Anzahl von Stoffen gibt, deren Atombau sich nicht verändern kann. Das ist gewiß ein sehr beruhigendes Weltbild.

Allerdings wird die Wissenschaft doch zu sehr von Saturn beherrscht, der Kraft der Formalisierung, aber auch der Erstarrung, die alles statisch auffaßt. Obwohl es auch schon im 18. Jh. einigen Gelehrten aufgefallen war, daß manche Stoffe aus dem Nichts zu entstehen schienen, dachte man doch darüber nicht weiter nach.

Ein kleiner Junge in der Bretagne, dessen Vater in einem Verschlag Hühner hielt, wunderte sich, woher die Hühner den Kalk für das tägliche Ei nahmen. Sie bekamen nämlich niemals Muscheln oder anderen Kalk zu picken. Wenn es jedoch geregnet hatte, sah man nachher in der Sonne auf dem granithaltigen Boden blinkende Glimmerstückchen liegen, die von den Hühnern eifrig aufgepickt wurden. Wenn seine Mutter dann ein Huhn schlachtete, war jedoch im Magen weder Glimmer noch Kalk zu finden. Wo blieb der Glimmer, und woher kam der Kalk? Bei Untersuchungen zeigte sich, daß ein Huhn mit Eiern und Kot fünfmal soviel Kalk abgibt, wie es aufnimmt. Der kleine Junge hieß Louis Kervran, der später als Chemiker die Probleme, die ihm als Kind aufgefallen waren, zu Ende dachte. In den fünfziger Jahren dieses Jahrhunderts kam er nach umfangreichen Untersuchungen zu dem Schluß, daß lebende Wesen in der Lage sind, einen Stoff in einen anderen umzuwandeln – wie das Huhn aus Glimmer Kalk machte, den es für seine Eierschalen brauchte.

Mensch und Tier haben einen großen Alchimisten in sich: die Leber. Diese macht aus dem, was verfügbar ist, das, was sie für die Lebensprozesse braucht.

Durch die wissenschaftliche Bestätigung dessen, was im Grunde jeder durch praktische Erfahrung schon weiß, werden die kurzsichtigen materialistischen Verfahren, die auf vielen Gebieten angewandt werden, u.a. Landwirtschaft (Düngung), Medizin und Ernährung, ad absurdum geführt.

Das simplifizierte Denken der zweiten Phase sieht den Menschen als Reagenzglas voller chemischer Stoffe. Zeigt sich bei einer Blutuntersuchung, daß von einem bestimmten Stoff weniger vorhanden ist als normal, dann wird dieser einfach in entsprechenden Mengen zugeführt.

Es hat sich aber gezeigt, daß es manchmal besser ist, einen anderen als den fehlenden Stoff zuzuführen, aus dem sich dann der Körper selbst das Fehlende herstellt. Bei Eisenmangel ist es z.B. besser, Mangan und/oder Magnesium zu geben, aber nicht pur, sondern mit natürlicher pflanzlicher Nahrung. Mangan kommt in Mandeln, Magnesium in Kamille reichlich vor. Braucht ein Organismus Kalk, verabreicht man am besten organische Kieselsäure, wie sie u.a. im Ackerschachtelhalm vorkommt. Wie oft beobachtet man nicht, daß saturnalisch geprägte Patienten Kalkmangel haben, obwohl sie so viele Kalkpräparate einnehmen! Der Körper kann den Kalk nicht verwerten, wenn zu wenig Magnesium vorhanden ist. Auch Phosphor wird dann schlecht aufgenommen, und wenn man noch so viel eiweißreiche Nahrung gibt.

Dies ist medizinisch-astrologisch sehr interessant: Wenn in der wechselseitigen Beziehung Saturn (Kalk) stärker ist als die Sonne (Magnesium), dann entsteht kein Kalküberschuß (was nach Adam Riese zu erwarten wäre), sondern Kalkmangel, weil die Magnesiumaufnahme bzw. -verarbeitung gestört ist. Beim lebenden Organismus ist eben Zwei und Zwei nicht immer Vier.

Warum ist Mangan gut gegen Allergien? Weil es die Bildung von Eisen (Mars) anregt, das die Widerstandskraft stärkt.

Bei keimenden Saaten wurde festgestellt, daß Eisen entsteht und Magnesium verschwindet. Diese Umwandlung eines Stoffs in einen anderen bewirkt ein Enzym. Auch der umgekehrte Fall kommt vor: Kervran entdeckte das Bakterium, das Eisen in Mangan umwandelt. Diese Entdeckung wird in Japan bereits industriell genutzt. Im menschlichen Darm sind diese Bakterien ebenfalls vorhanden.

Nicht alle Pflanzen können alle Umwandlungen durchführen. Roggen kann z.B. selbst nach Bedarf Mangan herstellen, Hafer dagegen nicht. In der Landwirtschaft ist daher die Auffassung verfehlt, daß man dem Boden nur die Stoffe, die ihm durch die Ernte der Feldfrüchte entzogen werden, in Form von Kunstdünger wieder zuzuführen braucht. Mit solch kurzschlüssiger Logik wird man den Prozessen in der lebenden Pflanze nicht gerecht. Die Pflanze wird vielfach von Mikroorganismen unterstützt, die sich im Wurzelbereich ansiedeln. Die Kräfte der Enzyme, der eigentlichen Alchemisten in Pflanze, Tier und Mensch, müssen mit sogenannten Oligo-Elementen genährt werden. Dies kann man z. B. mit Tees von bestimmten Pflanzen erreichen, mit denen man den Boden und die sprießenden Pflanzen besprüht. Hierfür eignen sich u. a. Brennessel und Schachtelhalm, wie sie im biologisch-dynamischen Verfahren der Anthroposophen schon lange verwendet werden.

Wenn man feststellt, daß ein Acker von einem bestimmten »Unkraut« überwuchert wird, ist es gut, den Acker ein Jahr brachliegen zu lassen. Die Wildpflanze bringt dann die Stoffe in den Boden, die ihm fehlten. Schon in der mosaischen Gesetzgebung heißt es, daß ein Acker einmal in sieben Jahren brachliegen soll, damit er sich erholen kann. Karl der Große verordnete die Dreifelderwirtschaft, nach der jeder Acker im dritten Jahr brachliegen mußte. Man teilte also seinen Grund in drei Schläge, von denen jeweils nur zwei bebaut wurden. Muß man aus zwingenden Gründen alles Land bestellen, jätet man das erscheinende Unkraut und gibt es auf den Komposthaufen. Nachdem es sich dort umgewandelt hat, streut man es auf den selben Acker, auf dem es gewachsen ist; so kommt es dem Boden ebenfalls zugute. Im nächsten Frühjahr stellt man dann fest, daß das Unkraut verschwunden ist.

Azaleen wachsen auf sauren Böden, wie z. B. Moorböden, die keinen Kalk enthalten. Sie erzeugen jedoch soviel Kalk, daß man manchmal nach einigen Jahren zu ihrer Erhaltung eine Schicht des Bodens, der nun sehr kalkreich ist, wegnehmen und durch sauren Boden ersetzen muß. Solche Pflanzen lieben Kieselsäure im Boden, die sie in Kalk umwandeln. Die Kalkbildung wird auch durch die Mondphase beeinflußt, in der die Keimung beginnt.

Es gibt auch Pflanzen, die ihren Kalk aus dem Kalium des Bodens machen. Hefe und mikroskopisch kleine Meeresalgen stellen Kalium aus Natrium her, andere wiederum aus Kalk.

Gibt man zuviel Kalium in Form von Kunstdünger, bekommen z. B. Tomaten Kalkmangel. Zuviel Kalium, auch im organischen Dünger, führt zu Molybdänmangel. Zu wenig Kalium liefert zuviel Molybdän. Es ist alles eine Frage des Gleichgewichts. Pflanzen stellen Kalium auf verschiedene Weise her: aus Natrium mit Hilfe von Luftsauerstoff oder aus Kalk, dem Wasserstoff entzogen wird.

Es wurde einmal ein Feld 17 Jahre lang immer nur mit Klee bestellt. Dieser wurde dreimal im Jahr gemäht; gedüngt wurde nicht. Trotzdem erbrachte die Ernte in diesen Jahren insgesamt 2636 kg Kalk, 1255 kg Magnesium, 2150 kg Kalium, 1255 kg Phosphorsäure und 2636 kg Stickstoff.

Nun darf man natürlich auch nicht denken, daß die Pflanze nur ein einziges Element braucht, aus dem sie sich dann alle anderen herstellt. Es müssen bestimmte Voraussetzungen erfüllt sein, damit die Umwandlung erfolgen kann. Eine davon ist, daß das benötigte neue Element wenigstens in einer kleinen Menge vorhanden ist. Dies erinnert uns an alchemistische Rezepturen, bei denen immer von Anfang an eine kleine Menge Goldes vorhanden sein muß, damit man schließlich aus einem anderen Element sehr viel neues Gold machen kann. Dieses Bißchen muß als »Keim« dienen. Dies ist wohl auch der Grund, warum die Alchemisten bestimmte Pflanzen brauchten, die dieses Bißchen enthielten.

Bei den meisten Umwandlungen* müssen auch Mikroorganismen mitwirken. Bei Mensch und Tier sind bestimmte endokrine Drüsen an den Prozessen beteiligt. So erzeugt die Schilddrüse das Enzym, das zur Herstellung von Kalk aus anderen Stoffen erforderlich ist.

Kalkarmut, z.B. bei brüchigen Nägeln, wird nicht durch Zufuhr von Kalk geheilt, sondern von Magnesium und Kieselsäure. Der übermäßig hohe Kaliumgehalt in Gemüse, das mit Kunstdünger gedüngt wurde, kann zu Kalkmangel, plötzlichem Herzstillstand und vielen anderen modernen Krankheiten führen. Zuviel Kalium blockiert das Magnesium, aus dem der Organismus in vielen Fällen den Kalk herstellen muß. Salzlose Diät kann sehr gefährlich sein, da Chlormangel eintreten kann. Der menschliche Körper braucht Chlor nicht nur wegen seiner spezifischen Wirkung, sondern auch zur Umwandlung in ein anderes Element.

Nach dem letzten Krieg erschienen bestimmte Pflanzen besonders häufig auf Trümmerhaufen, und zwar auch dort, wo

* Mehr hierüber erfährt der interessierte Leser in dem Buch von Louis Kervran, Biological Transmutations, Swan House Publishing Co., Binghampton.

Atombomben gefallen waren. Diese Pflanzen wandeln den radioaktiven Abfall in andere Stoffe um.

So wunderbar ist die Natur auf die Erhaltung des Lebens eingerichtet. Sogar für die Torheiten des menschlichen Denkens und Verhaltens ist vorgesorgt. Wer bei der Natur in die Schule geht und alles beiseite läßt, was ihm in seiner Schule beigebracht wurde, findet die Lösung für seine Probleme.

Kräuter der Alchemisten

Wie man weiß, wird beim alchemistischen Goldmachen in einem bestimmten Stadium eine Pflanze zu Hilfe genommen. Welche es ist, wird immer streng geheimgehalten. Die Atlanter verstanden sich gut auf die Kunst der Transmutation. Es leben und wirken immer noch Atlanter, die dem Untergang ihres Landes im Atlantischen Ozean entronnen sind. Sie wohnen in der Erdkruste, in Grotten und in Berghöhlen. Ein Arzt aus Los Angeles, Dr. Doreal, ein Theosoph, wurde einst nach dem Besuch eines Vortrags über ein okkultes Thema von zwei Männern angesprochen, die sich erboten, ihn das eben Gehörte sehen zu lassen. Sie fuhren in die Wüste hinaus und stiegen aus dem Auto aus. Er mußte einen Gürtel mit einigen Knöpfen anlegen und eine Art Helm aufsetzen. Die Männer faßten ihn fest unter den Armen und wiesen ihn an, gleichzeitig mit ihnen einen Knopf zu drücken. Sofort hoben sie vom Erdboden ab, fuhren mit großer Geschwindigkeit durch die Lüfte und landeten wenig später an einem Berghang. Es zeigte sich später, daß es der Mount Shasta im äußersten Norden von Kalifornien war. Sie waren auf einer Plattform gelandet, die wie ein Aufzug nach unten ging. Sie gelangten in ein großes Gebäude im Innern des Berges mit vielen Gängen und Gemächern. Man führte den Besucher überall herum und zeigte ihm unter anderem auch die Herstellung von Gold. Aus einem hohen Schrank wurde ein metallartiges Schubfach herausgezogen, das man mit etwas Sand bestreute und wieder einschob. Als es wenig später wieder herausgezogen wurde, lag dort statt des Sandes Gold. Mit diesen Goldklümpchen bezahlen diese Menschen die wenigen Dinge wie z.B. Seesalz, die sie in den umliegenden Läden dieser ländlichen Gegend kaufen. Das Geheimnis der Goldherstellung erfuhr Dr. Doreal allerdings nicht.

Im Europa des Mittelalters wurde hin und wieder jemand inkarniert, der sich hieran noch vage erinnerte und sich dessen nur ganz bewußt werden mußte. Ein solcher Mensch verstand die geheime Sprache der Überlieferung, die anderen verschlossen blieb. Die Alchemie ist die künstliche Beschleunigung eines natürlichen Vorgangs, analog der künstlichen Beschleunigung des menschlichen Seelenprozesses durch Übung der Seelenfunktionen. Es werden aufeinanderfolgende Phasen durchlaufen, an deren Beginn eine Einweihung steht. So werden Stoffe wie Seelen veredelt, geläutert, auf eine höhere Schwingung gebracht. Aus Blei (Saturn) Gold (Sonne) zu machen, entspricht dem Weg vom Seelen-Ich zum Geistes-Ich.

Auf diesen Wegen gibt es in der Natur Mittel zur Beschleunigung. Man kann das Gift eines Pilzes (z. B. Psilocybin) einnehmen, um zu einem kosmischen Einheitserlebnis zu gelangen, und die hohen homöopathischen Potenzen verschiedener Pflanzen können der Menschenseele einen großen Sprung voranhelfen. So können z. B. Trinker oder Erotomanen vollständig geheilt werden. Das gleiche geschieht bei der Goldherstellung aus anderen Metallen. Der Saft einer bestimmten Pflanze kann durch seine Formkräfte den Atombau eines Metalls verändern. Hierzu gehören u. a. die Rosengewächse, die Pflanzenfamilie, die nach ihrer Schwingung zur Sonne, dem Sternzeichen Löwe und zum Gold gehört. Ein Beispiel ist der Frauenmantel, der nicht ohne Grund Alchemilla heißt.

Es können auch radiumhaltige Pflanzen sein, da das Radium die Umwandlung beschleunigt. Man nimmt z. B. die Farnwurzel (Filix), die so stark radioaktiv ist, daß in chemischen Labors bis zu 52 Mache-Einheiten gemessen wurden. (Die stärkste radioaktive Quelle der Schweiz, der Iberger Berggeist im Kanton Schwyz enthält dagegen nur 2,22 Mache-Einheiten.) Der bekannte Theosoph Dr. Franz Hartmann (1838–1912), der auch ein Buch über Paracelsus schrieb und die sogenannte Lignosulfit-Heilweise entwickelte, hat den Wurzelstock eines Wurmfarns in einer Johannisnacht, d. h. also der Nacht vor dem längsten Tag, glühen sehen; ebenso Frau Burckhardt, und der Volksmund überliefert dies schon seit Jahrhunderten. Es ist dies eine ganz besondere Nacht, in der die Sonnenkraft in vielen Pflanzen ihren Höhepunkt erreicht, u. a. auch im Johanniskraut (Hypericum), das uns für alchemistische Zwecke sehr geeignet erscheint. Andere radioaktive Pflanzen sind Salbei, Arnika, Rosmarin und die Roßkastanie (Früchte).

Es gibt viele Geschichten über Goldmacher, die irgendwo eine bestimmte Pflanze suchen. Die Alchemisten gingen an bestimmten Tagen mit gläsernen Schalen vor Sonnenaufgang zum Frauenmantel, dessen rundes, wie ein Schirm aufgespanntes Blatt einen Tropfen Morgentau enthält. Dieser wurde mit dem Glas aufgefangen und für den alchemistischen Prozeß verwendet. Kasimir Ritter von Chledowski (1843–1920) berichtet von einem Italiener, der im Park eines Fürsten heimlich eine bestimmte Pflanze pflückte. Dabei wurde er von einem Diener ertappt und vor den Fürsten gebracht. Er entging der Strafe, indem er in einer Nacht mit Hilfe dieser Pflanze in zwei irdenen Gefäßen aus Blei geschmolzenes Gold herstellte. Hierzu veraschte er die Pflanze und warf sie auf das schmelzende Metall. Möglicherweise handelte es sich bei diesem Fürsten um Graf Palambara, einen Freund der Königin Christina von Schweden. In deren Schloß sprach einst ein junger Mann vor und bat darum, im Schloß alchemistische Versuche durchführen zu dürfen. Da Christina wie auch Kaiser Rudolph von Prag eine Neigung für solche Dinge hatte, entsprach sie seiner Bitte. Nach einigen Monaten geheimnisvoller Arbeit teilte er der Königin mit, daß er nunmehr eine bestimmte Pflanze suchen müsse. Seine Gerätschaften, unter denen sich auch zwei Schmelztiegel mit einer Flüssigkeit befanden, die mit Hilfe der Pflanze in Gold verwandelt werden sollte, sollten solange in einem abgeschlossenen Raum aufbewahrt werden. Der junge Mann kehrte jedoch nie mehr zurück. Als die Königin die Gemächer öffnen ließ, fand man dort zwei irdene Schmelztiegel, von denen der eine mit Silber und der andere mit Gold erster Qualität gefüllt war.

Graf Maximilian von Palambara lachte Königin Christina aus, als sie ihm dies erzählte. Wenig später erschien im Schloß des Grafen ein Pilger, der darum bat, im Park eine Pflanze pflücken zu dürfen, die alles in Gold verwandeln könnte. Der Graf gewährte ihm dies und stellte ihm dazu sein eigenes Labor zur Verfügung. Der Pilger röstete das Kraut, zerrieb es zu Pulver und schüttete es in einen irdenen Schmelztiegel, in dem eine zähe Flüssigkeit brodelte. Dann bat er darum, ihm für die Nacht das angrenzende Zimmer zu geben, damit er die Nacht über beobachten könne, was geschähe. Am nächsten Morgen sollte das Gold fertig sein. Als der Graf jedoch am nächsten Morgen in sein Laboratorium kam, war der Pilger verschwunden. Aus dem umgestürzten Schmelztiegel war eine Flüssigkeit auf den Boden gelaufen, die zu purem Gold erstarrt war. Auf dem Tisch lagen Papiere mit hebräischen und lateinischen Sprüchen, die niemand übersetzen konnte. Der Graf ließ den Text in ein marmornes Tor einmeißeln, das heute noch im Park des Viktor-Emanuel-Platzes steht. Aber wo? In Rom? Hierüber schweigt die Quelle, das im Jahre 1874 erschienene Buch »Nuova Mescellanea Archeologica« von Gräfin Ersilia Caetani-Lovatelli. Sie nennt das Tor: Das Zaubertor von Esquilin. Ob es sich bei der Pflanze um die Alchemilla handelte oder eine andere, wissen wir nicht.

Ein anderes Kraut der Alchemisten ist die Mondraute mit dem halbmondförmigen Blatt, Botrychium lunaria, die auf einfache Weise die Herstellung von Silber, Gold und sogar dem Stein der Weisen ermöglichen soll. Es heißt auch Walpurgiskraut, weil man es in der Walpurgisnacht, der Nacht vor dem 1. Mai verwenden soll, in der alle Elementargeister besonders aktiv sind. Die Mondraute gehört zu den Ophiaglossaceae und kommt in ganz Europa vor. In der Kräuterheilkunde wurde sie als Wundkraut verwendet.

Der 1883 geborene Goldmacher Tausend gab 1922 eine von ihm verfaßte Schrift mit dem Titel »180 Elemente, ihre Atomgewichte und ihr Platz im harmonisch-periodischen System« heraus. Darin stellt er die Theorie auf, daß zwischen den chemischen Elementen der gleiche Zusammenhang besteht wie zwischen den Tönen der Musik. Jeder Ton und jedes Element hat eine bestimmte Schwingungszahl. Wie man nun von einer Tonart in die andere übergehen kann, so kann man auch von einem Element zu einem anderen übergehen (Transmutation), wenn man nur ihre Schwingungszahlen kennt. Tausend soll angegeben haben, wie er aus Quarz Eisenoxidverbindungen und Bleilegierungen machte, die beim Einschmelzen Gold lieferten. Aus 30 g Eisenoxid sollen z. B. 0,3 g Gold entstanden sein.

Tausend besaß angeblich einen strahlenden Stoff (Radium?), der den Stoffen wie ein Magnet ihre Kraft entzog. Tausend sagte, daß aus organischen Stoffen gewonnene Elemente am besten für Transmutationen geeignet seien und daß die Asche von Pflanzen in ihren Salzen deutliche Hinweise für die Transmutation enthielte, die im Kreislauf der Atome liegt. Obwohl seine Kunst und Lehre bis zum sog. Kleinen Werk, bei dem 10 g Gold gewonnen wurden, bewiesen wurde, kam Tausend ins Gefängnis, so daß er die Arbeiten nicht fortführen konnte. Im Februar 1933 kam er wieder frei. Im Gefängnis vertraute er dem Runen-Spezialisten Marby an, daß überall in der Natur Gold in statu nascendi vorhanden ist, insbesondere im Quarzgestein, sowie im Pflanzenreich in den Blumen der Sonne, vor allem der Sonnenblume. Wenn man das Mark aus dem Stengel der Sonnenblume über einer Flamme trocknet, überzieht es sich mit einem goldenen Glanz. Die Asche aller Pflanzen enthält Gold, behauptete Louis Graf Bertholet, der aus fünf Zentnern pflanzlicher Asche 40,32 g Gold gewann. Auch Roggen enthält eine Spur Gold.

Für die Herstellung von Silber braucht der Alchemist außer den Blumen der Sonne auch Mondpflanzen. Neben der bereits erwähnten Mondraute gehören vor allem die Algen zur Wirkungssphäre des Mondes; diese sind häufig auch radioaktiv. Ein Beispiel ist die Gallertalge, ein geleeartiges Gewächs und durchscheinend wie eine Qualle. In getrocknetem Zustand ist sie runzlig, schwarz und undurchsichtig. Sie erscheint nach warmen Regengüssen und bei bestimmten Mondständen auf Sandwegen und in Gärten. Ein Leser, der einmal in einem Wald in der Veluwe kampierte, schrieb mir, daß dort einmal morgens der ganze Waldboden mit dem glitschigen Zeug bedeckt war. Früher gebrauchte man es als Heilmittel bei hartnäckigen Geschwüren. In amerikanischen Zeitungen erschienen kürzlich Berichte über ein solches Gewächs, das plötzlich in Form roter, pulsierender Blasen in Stadtgärten erschien und sich rasch ausbreitete. Es war nicht auszurotten und tauchte an immer neuen Stellen auf. Auch die Botaniker wußten keinen Rat. Uns scheint aber, daß es Algen sind, die unter dem Einfluß des Mondes entstehen und in der Überlieferung auch Mondnahrung heißen.

Viele Alchemisten geben als Ausgangspunkt ihrer Versuche die Gallertalge Nostoc an, den »vom Himmel gefallenen grünen Schleim«, der im Französischen »crachat de lune« heißt, Mondauswurf. Dies ist wahrscheinlich die Art, die im Wald auf der Veluwe gefunden wurde. Das gallertige Zittern entspricht wohl dem Pulsieren der amerikanischen Algen.

Normale Süßwasseralgen, vor allem die Gattung Zygnema, enthalten etwa hundertmal soviel Radium wie die fluoreszierenden Seealgen. Sie enthalten mehr von diesem Element als die radiumreichsten Graniterze. Diese hohe Konzentration in einer radiumarmen Umgebung ist durch Kumulation zu erklären.

Pflanzen, die feuerfest machen

Hin und wieder liest man Berichte über Eingeborene auf Surinam oder auf Südseeinseln, die über glühende Kohlen laufen können, ohne sich zu verbrennen. Dies geschieht meist im Rahmen einer gottesdienstähnlichen Handlung. Westliche Zuschauer nehmen an, daß dies eine Frage der Konzentration ist. Der stoffliche Leib wird dabei so stark mit geistiger Kraft durchstrahlt, daß er gewissermaßen über die stofflichen Gesetze erhoben wird. Es kann sogar geschehen, daß ein anderer, der die konzentrierte Person festhält, ebenso feuerfest wird wie diese.

Einfacher ist es, die Pflanzen zu Hilfe zu rufen. Im Mittelalter mußten Menschen, die der Zauberei beschuldigt wurden, ihre Unschuld beweisen, indem sie eine Feuerprobe ohne Schaden überstanden. Man dachte dabei wohl an die drei Jünglinge im Feuerofen, von denen im biblischen Buch Daniel berichtet wird; ihnen konnten die Flammen nichts anhaben, weil sie von einem Engel beschützt wurden.

Aus alten Zeiten sind einige Rezepte erhalten geblieben, wie man aus Pflanzen Salben herstellen kann, mit denen man den der Probe zu unterziehenden Körperteil vor dem Feuer schützen können soll. Ein Fakirrezept lautet folgendermaßen: Schmiert man die Hände mit dem Saft einer Pappel oder von Bingelkraut ein, so kann man die Hände gefahrlos mit siedendem Blei übergießen. Ein französisches Rezept: Aus Eibischsaft (Althaea), Petersiliensamen und feingestampftem und mit Eiweiß und Meerrettichsaft vermischtem Kalk bereitet man eine Salbe. Wenn diese auf den Händen getrocknet ist, streicht man eine zweite Schicht darüber. Wenn diese wiederum getrocknet ist, kann man glühendes Eisen tragen, ohne sich zu verbrennen. Wenn man den ganzen Körper damit bestreicht, kann man damit durch Feuer laufen.

Ein ganz ähnliches Rezept schreibt folgende Zutaten vor: Eibischsaft, frisches Eiweiß, Flohsamen (Plantago psyllium), feingestampften Kalk und Meerrettichsaft.

An anderer Stelle findet man folgendes: Rotes Arsen und Alaun werden zerstoßen und mit Hauswurzsaft und Lorbeerharz vermischt. Wer sich damit einreibt, wird feuerfest. Manchmal wird auch noch Ochsengalle beigefügt.

Weitere Kräuter, denen die gleiche Wirkung zugeschrieben wird, sind Schöllkraut (Chelidonium), Krokus, Aloe und Zwergholunder (Sambucus ebulus).

Wenn man bedenkt, daß Luftabschluß, z.B. durch Aluminiumfolie, Brandwunden schneller heilen läßt und den Schmerz lindert, dann kann man sich durchaus auch vorstellen, daß klebrige Säfte ganz ähnlich wirken.

Fakir Ahmed Hussein gab folgendes an: In einem halben Liter Wasser möglichst viel Alaun auflösen und etwas Zinksulfat dazugeben. Die Füße mehrmals darin baden und immer wieder trocknen lassen.

Yogi Swami Narayananda Saraswati (geb. 1922), der in den USA Medizin studiert hatte und bis 1947 Chirurg an einem Krankenhaus in Madras war, berichtet folgende Begebenheit: Im Jahre 1952 sah er in dem Himalayadorf Sava in Bhutan einen Lama, der nackt und mit einer Salbe bestrichen in einer Höhle mitten in einem lodernden Feuer stand. Dabei wurde ihm kein Haar versengt. Diese Salbe bestand aus vier Kräutern, deren Mischungsverhältnis der Yogi nach sorgfältigen Versuchen herausfand. Als er in seinem Haus in Hardwar einmal ein Elektrogerät reparierte und dabei versehentlich eine stromführende Leitung berührte, geschah ihm nichts, weil er zufällig vorher seine Hände mit der Salbe eingerieben hatte. Daraufhin ließ er eine Röntgenaufnahme von seinem Körper machen, den er teilweise mit der Salbe bestrichen hatte. Tatsächlich wurden die eingeriebenen Stellen von den Strahlen nicht durchdrungen. Nun untersucht er zusammen mit Wissenschaftlern, ob diese Salbe auch gegen atomare Schäden Schutz bietet.

Aloe, Hauswurz und Flohsamen wirken stark kühlend. Meerrettich und Schöllkraut sind dagegen erwärmend und reizend. Es ist in diesem Fall nicht so einfach, die Wirkung der Kräuter zu ergründen. Es könnte sein, daß hier die Konzentration der Gedanken und die Salbe zusammenwirken müssen, damit sich der gewünschte Effekt einstellt.

Pflanzenelfen

Daß viele Menschen zu verschlossen sind, als daß sie Pflanzenelfen sehen könnten, bedeutet nicht, daß es sie nicht gibt. In alten Zeiten haben viele sie wahrgenommen und sich sogar mit ihnen unterhalten. Die alten Griechen nannten sie Dryaden, die Engländer nennen sie fairies, und bei uns heißen sie Moosfräulein oder Waldweiblein. In Irland lebt man noch mit diesen Geistern.

In Schottland, in der Gegend von Morray, befindet sich die Lebens- und Arbeitsgemeinschaft Findhorn, wo in Zusammenarbeit mit den Pflanzenelfen, die von einigen hellsichtigen Mitarbeitern wahrgenommen wurden, prächtige Gärten angelegt wurden. Dort hatte man einst einen blühenden Stechginster, der weit über einen Weg hing, zurückgeschnitten. Bei einer Zusammenkunft teilte daraufhin ein hellsichtiger Findhorn-Bewohner mit, daß die Elfen entsetzt im Aufbruch begriffen wären. Man beschloß, mit den Elfen zu beraten. Schließlich einigte man sich darauf, daß zwar schon einmal geschnitten werden dürfe, aber dann nicht während der Blütezeit.

Dies ist allerdings etwas, was feinfühlige Menschen von sich aus tun. Man dankt auch einer Pflanze für den Genuß, den sie uns durch ihr Blühen schenkt. Schnittblumen sind häufig nach dem Verdorren in der Vase noch recht hübsch, z. B. Tulpen, und man bedankt sich bei ihnen, wenn man sie schließlich auf den Komposthaufen oder in den Abfalleimer legt. Undankbarkeit schmerzt eine Pflanzenelfe, z. B. wenn eine Zimmerpflanze, die man geschenkt bekommen hat, nach dem Verblühen sofort weggeworfen wird. Als ob eine Pflanze, die ausgeblüht hat, nicht auch schön und wohltuend wäre und nicht auch gerne weiterleben wollte!

Eine Pflanzenelfe ist ein ätherisches Wesen, das den Auftrag erhalten hat, die Pflanze zu pflegen und zu schützen. Sie lockt die Insekten zur Bestäubung an, schließt die Blüte oder neigt sie bei Regen usw. Sie sieht menschlich aus und kleidet sich in eine zu ihrer Pflanze passenden Farbe. In den entzückenden Büchern der Zeichnerin Ciceley Mary Barker sind sie abgebildet, unterlegt mit einfachen Kinderreimen.

Ein Buch, das viele Auskünfte über Elfen und andere Naturwesen gibt, ist »The Kingdom of Fairie« von Geoffrey Hodson, der aus eigener Wahrnehmung schreibt. Ein weiteres Buch von ihm ist »Fairies at Work and at Play« (The Theosophical Publishing House Ltd., London).

Daß die Elfen und andere Naturwesen in England und Irland häufiger gesehen werden als bei uns, liegt an der sehr feuchten Atmosphäre dieser Insel, durch die der Mensch ätherische Formen leichter wahrnehmen kann. Im hellen Sonnenschein ist das nicht möglich, nur im Nebel, Dunst und Nieselregen, in der Dämmerung und bei Mondschein.

Die Pflanzenelfe schwebt in der Luft und breitet sich hin und wieder über der Pflanze aus, wobei sie dieser Lebenskraft gibt. Danach schwebt sie wieder weg, um sich mit neuer Sonnenkraft aufzuladen. Sie schweben bis zu drei Meter hoch. Manche haben Flügel wie ein Schmetterling; von anderen sieht man ein Gesichtchen. Alle haben eine fließende Form oder Aura, die durchwogt ist von sanften Wellen zarter Farben. Eine Elfe ist höher geladen als ein Mensch und empfindet die Berührung mit einem Menschen als etwas Schweres. Sie sieht unseren Ätherleib, nicht unsere stoffliche Hülle, und weiß daher genau, mit wem sie es zu tun hat: Man kann eine Elfe nicht täuschen.

Es gibt Elfchen, die nicht höher sind als die Grashalme, zwischen denen sie leben, und andere, deren Größe zwischen der eines Kindes und eines Erwachsenen liegt.

Im Sommer leben sie gerne auf Blumenwiesen, wo sie von ihren Lehrerinnen unterrichtet werden, die selbst wieder der Königin der Elfen gehorchen, einem entzückenden Wesen, das Licht und Glanz ausstrahlt. Bei schlechtem Wetter und im Winter ziehen sie sich zurück, am liebsten in hohle Bäume oder tiefer in die Erde. Sie sind ja ätherisch und können jeden festen Stoff durchdringen.

Elfen haben kein Geschlecht und pflanzen sich nicht fort. Sie entwickeln sich allmählich aus einfacheren Wesen. Das gesamte Reich der Naturwesen beginnt mit den Sonnenfunken oder Lichtsamen, die die Sonne fortwährend in den Raum hinein aussendet. Wenn diese in unserer Atmosphäre angekommen sind, verkörperlichen sie sich zuerst als Eisnadeln, die die Schäfchenwolken bilden. Dort erhalten sie ihren ersten Auftrag. Sie kommen dann in Regentropfen, Hagelkörnern und Schneeflokken auf die Erde. Sobald sie einmal in die Erdkruste aufgenommen sind, verbinden sie sich freundschaftlich einer Pflanze und entwickeln sich in Wechselwirkung mit ihr zu einer Pflanzenelfe, die auch zu den Insekten eine gute Beziehung hat, vor allem zu denjenigen, die die Pflanzen besuchen, um ihren Nektar zu saugen und sie zu befruchten. Dieser Prozeß kann Jahre dauern, denn die Natur hat niemals Eile.

Die Pflanzenelfe ist gewissermaßen die äußere Seele der Pflanze. Sie tut für diese ungefähr das gleiche, was der Schutzengel für uns Menschen tut. Sie gibt ihr praktisch alles, was sie braucht, und die Pflanze nimmt es an – im Gegensatz zum Menschen, der längst nicht alles annimmt, was ihm sein Engel zu seinem Heile anbietet. Pflanze und Elfe gehorchen den kosmischen Gesetzen und den Vorschriften ihrer Führer; sie können gar nicht ungehorsam sein.

Pflanzen besitzen einen Lebensleib und eine stoffliche Gestalt. Bei den höher entwickelten Pflanzen bilden sich Ansätze einer Gefühlsseele (Astralleib); eine solche besitzt dann auch ihre Elfe. Ein Beispiel hierfür ist die Akelei, die den Endpunkt einer langen Entwicklung erreicht hat und mit ihrer feinen Gestalt zum alten Adel der Pflanzenwelt gehört. Sie wird von einer ebenso feinen Elfe bedient.

Bei einjährigen Pflanzen wird natürlich im Herbst, wenn die Pflanze stirbt, die Elfe aus dem Dienst an der Pflanze entlassen. Nachdem sie im Winter in der Erde Unterricht empfangen hat, erscheint sie im Frühjahr wieder an der Oberfläche und nimmt einen jungen Pflanzensproß in ihre Obhut.

Bei mehrjährigen Pflanzen bleibt die Elfe immer bei der gleichen Pflanze.

Die offizielle Wissenschaft, die sich auf das Stoffliche beschränkt, sagt: Daß die Pflanze ihre Blüte zur Sonne kehrt, sich bei Regen schließt, bei Kälte zur Erwärmung roten Farbstoff bereitet, sich von Pflanzen abwendet, die für sie schädliche Stoffe abscheiden usw., wird durch einen inneren chemischen Prozeß und nicht durch eine Elfe bewirkt. Freilich gibt es auch die chemischen Reaktionen; diese sind jedoch nur das stoffliche Pendant des ganzen Lebensprozesses. Auf der ätherischen Ebene ist es die Elfe, die dieses eingebaute Muster in Gang setzt. Es läuft nur ein Prozeß ab, der sich auf jeder Verdichtungsebene in den Erscheinungsformen vollzieht, die zu dieser Pflanze gehören.

Elfen ahmen den Menschen in vieler Hinsicht nach, aber auch die Menschen haben viel von den Elfen übernommen. Auch in ihren Äußerungen sind sie sich manchmal sehr ähnlich – aber schließlich lassen sich beide von kosmischen Rhythmen durchströmen und formen.

Warum nennen wir eine Abendgesellschaft mit Tanz einen Ball? Wenn Elfen im Mondschein tanzen, bilden sie beim Reigen mit erhobenen Armen einen Wirbel im Äther, einen Ball, der aus Lebenskraft (Prana) besteht. Diese Kraft spenden sie später ihren Pflanzen. Es ist die gleiche Kraftbündelung, die die Menschen auf dem Altar erreichen.

Jeder Tanz hinterläßt unsichtbare, aber sehr wirksame Spuren im Äther, magnetische Linien. Die Wirkung, die sich einstellt, hängt von der Figur ab. Wenn auf einem Ball Walzer getanzt wird, entstehen auch Kraftwirbel, wobei die Spannung zwischen den Geschlechtern als Kraftquelle wirkt. Ziel ist es, ein Wohlgefühl, eine Glücksfülle im Seelenbewußtsein zu erzeugen. Bei Volkstänzen, die früher als heilige Handlungen empfunden wurden, was sie ihrem Wesen nach auch sind, ahmen die Figuren den Lauf der Sterne, den Wechsel der Jahreszeiten und den Rhythmus des Lebens in allen Phasen nach. Dadurch werden diese Rhythmen unterstützt und gestärkt, und zwar sowohl in der Natur als auch beim Menschen.

Wie wundersam klingen uns die Geschichten über Menschen, die nachts auf einsamer Heide einen Elfentanz erlebt haben, ihre Lieder gehört haben und an ihrer Festtafel Platz nehmen durften! Sie schliefen ein, und als sie erwachten, war nichts um sie als der Wind und das Rascheln dürren Laubes. Für kurze Zeit war ihr Bewußtsein offen gewesen für die ätherischen Formen, waren sie hellsichtig gewesen. Die Elfen vertragen kein grelles Sonnenlicht; daher kommen sie abends zum Vorschein und feiern nachts bei Sternenlicht und Mondenschein ihre Feste. Untertags suchen sie meist den Schatten großer Pflanzenblätter auf. Für den Hellsichtigen sind sie immer sichtbar.

Baumgeister

Während die Elfen von Blumen und Kräutern meist weiblich aussehen oder auch wie kleine Jungen, sehen die der hohen Sträucher aus wie Männer. Manchmal ähneln sie ganz den griechischen Faunen. Sie wohnen in den Baumkronen und können sich nicht weiter entfernen als die Wurzeln ihres Baums reichen. Wenn ein Wald jedoch so dicht ist, daß die Wurzelsysteme der einzelnen Bäume ineinander übergehen, kann sich ein Baumfaun durchaus durch den ganzen Wald bewegen. Er hängt nämlich vom Magnetismus dieser Wurzeln ab – wie ein O-Bus, der seinen Fahrdraht auch nicht verlassen kann.

In Bäumen mit mehr weiblichem Charakter, wie z. B. Linde, Birke und Holunder, hat der Baumgeist oder die Dryade (in der Edda Inwiedie genannt) eine weibliche Gestalt.

Sie sind so lange die äußere Seele des Baums, bis sich ein Baum etwas über die Gruppenseele seiner Art erhebt und seine Individualisierung einsetzt. Dann zieht der Baumelf in den Stamm ein und wird zu einer inneren Seele oder einem Baumgeist. Dann entsteht das, was Tolkien in seinem Buch »Der Herr der Ringe« ein Ent genannt hat: Ein Baum, der jemand ist. Dies geschieht erst im höheren Alter und ganz allmählich.

Ein solcher individualisierter Baum sendet eine große Kraft aus, die der Mensch wahrnehmen kann, wenn er nicht zu sehr abgestumpft ist. In einem Wald kann die Atmosphäre dadurch so feierlich werden, daß der Wanderer ganz still wird und kaum zu atmen wagt. Diese mächtigen Bäume waren zu allen Zeiten die Zuflucht der Menschen gewesen, wenn sie in Not waren. Zu allen Zeiten pflanzte man zu jedem neuen Bauernhof zwei Linden und hinten in den Hof einen Holunder. Bei den sächsischen Bauern wurde der Hof mit Eichen umgeben. Bei Krankheit, Geburtswehen oder Kummer suchte der Mensch den Baum auf und umschlang den Stamm. Dann fühlte man sich wundersam getröstet. Burschen und Mädchen mit Liebesleid gingen zur Linde. Männer, die in den Krieg zogen, zur Eiche. Menschen, die in Denkprobleme verstrickt waren, wandten sich an die Birke. Die Linde repräsentiert die Kraft der Venus, die Eiche diejenige von Mars und Jupiter und die Birke diejenige von Merkur.

Nur allzuoft ist der Mensch der Feind des Baums. In Gegenden mit alter (Herzens-)Kultur bittet der Waldarbeiter den Baum um Vergebung, bevor er ihn fällt. Er gibt dem Baumfaun auch Zeit zum Umzug zu einem jungen Baum in der Nähe.

Gleich Kühen, Pferden und Schafen, die ins Schlachthaus gebracht werden, fühlen Bäume ihren Tod durch das Fällen voraus und sind dann sehr betrübt. Weil Baumgeister wie alle Naturwesen außerhalb der Zeit leben, kennen sie die Zukunft ebenso gut wie die Vergangenheit.

In manchen Gegenden war es üblich, daß der Holzfäller gleich nach dem Fall des Stammes über diesen ein gerades Kreuz schlug, um den Baumgeist zu bannen. Der Baumstamm trieb dann zwar wieder aus, konnte aber seine Verstümmelung niemals verwinden.

Auch das Sägen des Stamms im Sägewerk ist für den Baum eine schlimme Qual.

Empfindsame Menschen finden es ebenfalls schlimm, einen Baum in der Fülle seiner Kraft gefällt zu sehen. Bei den anderen Bäumen können sich sogar Rachegefühle gegenüber dem mordenden Menschen einstellen. Das Schlagen gesunder Bäume ist eine Freveltat, die auf den Menschen zurückfällt.

Als der römische Feldherr Julius Cäsar mit seinen Soldaten über die Südküste Galliens in das Landesinnere eindringen wollte, wo damals noch ausgedehnte Eichenwälder standen, wagte es niemand, die Axt an die heiligen Bäume zu legen, bis Cäsar selbst den ersten Baum fällte. Dann erst folgten seine Soldaten seinem Beispiel. Heute ist die Gegend eine Wüstenei aus Steinen, Wind und gleißender Sonne, wo kein Bach mehr rauscht und keine Pflanze mehr wachsen will.

Wenn ein Baum vom Blitz getroffen wird, kann ein Faun sein Leben durch Flucht noch retten; nicht selten aber stirbt ein Baumgeist mit seiner Gestalt mit. Bestimmte Baumarten ziehen den Blitz an, z. B. Weiden und Eichen. Ulmen und Buchen werden dagegen nicht getroffen. Daher heißt es auch im Volksmund:

Eichen und Weiden
soll man meiden.
Ulmen und Buchen
soll man suchen.

Die kräuterartigen kleinen Pflanzen sind wie die Härchen auf der menschlichen Haut. Die Bäume sind auf dem Leib der Erde wie die wichtigsten langen Haare des Menschen, z. B. das Haupthaar. Sie leiten kosmische Kräfte. So empfängt der Mensch Lebenskraft und Inspiration, der Baum Lebenskraft und die spezielle Gabe des Planeten, von dem er beherrscht wird.

Die Wechselwirkung zwischen Sternen, Baumgeistern und Menschen war in alten Zeiten sehr stark und zu aller Heil und Vorteil. Deshalb errichtete man das Heiligtum der Sternengottheit im Wald oder zumindest in einer Anpflanzung ihrer eigenen Baumart. An Orten, an denen die Gottheit ihre Anwesenheit durch ihr Wirken kundtat, errichtete man ihr ein Haus, einen Ort, an dem die Menschen sie verehrten. Die Baumgeister waren die ersten Helfer und Priester. Heilige Handlungen in einem Waldtempel gewinnen durch das gemeinsame Wirken erheblich an Kraft.

Wenn man daher in einem Eichenwald die Überreste eines Waldheiligtums findet, dann weiß man, daß dort Jupiter (Zeus, Donar) herrscht und einen Tempel hatte. Bei dem Heiligtum der Priesterin Circe auf Duiveland standen Pappeln; sie diente also Merkur (Hermes, Wotan).

Der Mensch, der unter einem Baum schläft, empfängt häufig eine Botschaft des Baumgeistes, der ihn tröstet oder ihm weisen Rat gibt. Viele Heilige erhielten ihre Eingebungen unter einem Baum, unter dem sie zu meditieren pflegten. Der Baum kann zwischen Himmel und Erde, zwischen Gottheit und Mensch vermitteln.

Bei den uralten chinesischen Tempeln stehen häufig Gingkos, die Bäume mit dem fächerförmigen, in der Mitte etwas eingeschnittenen Blatt, die wie eine seltene Rune aussehen. Diese Baumart existierte schon in unser aller Mutterland Mu, dem riesigen versunkenen Kontinent, dessen Berggipfel, heute Inseln mit Tempelruinen, jetzt der Stille Ozean umspült.

Die Kraft des Baumgeistes kann Kranke gesund machen, vor allem, wenn es ein Baum von Jupiter ist, denn er schenkt uns Heilkraft. So findet man in manchen Dörfern, z. B. im niederländischen Brabant, manchmal noch einen sogenannten Fieberbaum, an dessen Zweigen Stoffetzen hängen, die von den Leuten dort befestigt wurden. Es sind Stücke aus dem Hemd oder dem Bettlaken eines Kranken. Die Heilkraft des Baums geht auf die Tücher über und von dort über den ätherischen Verbund auf den Kranken selbst. Man nennt dies sympathische Magie. Dinge, mit denen der Mensch lange Zeit in Berührung war, tragen seine Schwingung und bleiben dadurch in jeder Entfernung mit dem Lebensleib dieses Menschen verbunden. So können in beide Richtungen Schwingungen und Kräfte übertragen werden.

Wenn man seinen Haarwuchs fördern will, vertraut man sein Haar einem schnellwüchsigen und sich verzweigenden Baum an, z. B. einer Pappel. Man löst etwas Bast ab, legt einige Haare dahinter und drückt den Bast wieder an.

Zur schnelleren Heilung eines kranken Arms hat man früher eine Zimmerlinde mit einem Hanfseil an diesem Arm befestigt. Nachdem man dies einige Tage stundenlang gemacht hatte, ging es mit dem Arm besser; die Linde war dagegen krank. Man muß sich also erst überlegen, ob ein Baum stark genug ist, um eine Krankheit zu übernehmen.

Wie nahe Baumgeist und Mensch einander stehen, zeigt sich auch an den vielen alten Geschichten, in denen ein Mädchen vor einem Verführer flieht und von einer gütigen Gottheit rechtzeitig in einen Baum verwandelt wird. So wurde die Nymphe Daphne von dem Sonnengott Apollo verfolgt, der in Liebe zu ihr entbrannt war. Sie eilte zum Fluß, dessen Gottheit ihr Vater war, und wurde von diesem am Flußufer in einen Lorbeerbaum verwandelt. Apollo schwor daraufhin, daß fortan Lorbeerkränze die Tapferen bekrönen sollten. Offensichtlich handelt es sich in solchen Fällen nicht um ein Menschenmädchen, sondern um eine Baumnymphe. Während diese Baumnymphen dem Menschen manchmal zu entgehen versuchen, sind sie selbst es in anderen Fällen, die einen Mann zu betören versuchen, um in den Besitz des unsterblichen Geistes des Menschen zu kommen. Man denke etwa an Andersens Märchen »Die kleine Seejungfrau«. Durch die geschlechtliche Vereinigung geht die Unsterblichkeit auf das Naturwesen über.

So wird z. B. in Österreich die Geschichte von einem Mann erzählt, der einst nachts von einem zudringlichen weiblichen Naturgeist, der durch das Schlüsselloch gekommen war, heimgesucht wurde. Am Morgen sah er eine Daunenfeder auf seinem Bett liegen, die sich in ein wunderschönes Mädchen verwandelte, das weinend auf seinem Bett saß. Er nahm sie zur Frau, und sie schenkte ihm in vielen glücklichen Ehejahren mehrere Kinder. Jeden Abend stopfte er jedoch das Schlüsselloch der Haustür zu. Als er dies einmal vergaß, verschwand die Frau. Es blieb nichts zurück als eine Daunenfeder, die durch das Schlüsselloch fortwehte. Sie wurde niemals mehr gesehen. Wie lange eine Nymphe auch mit einem Mann zusammenlebt – sie bleibt doch immer mit ihrem Baum verbunden. Dies mußte ein Mann erfahren, der im 18. Jh. bei Bydzow wohnte und glücklich mit einer Nymphe verheiratet war. Als er bemerkte, daß sie jede Nacht das Haus verließ und sich in eine Weide am Bach setzte, folgte er ihr eines Nachts und fällte aus Eifersucht die Weide. Bei seiner Rückkehr fand er zu seinem Entsetzen seine Frau tot im Bett. Aus dem Weidenholz machte er eine Wiege für sein jüngstes Kind, und sobald es dareingelegt wurde, schlief es ein. Als das Kind herangewachsen war und sich Weidenpfeifchen schnitt, sprach und sang die Mutter daraus zu ihrem Kind.

Die Nymphe, die ätherisch ist, materialisiert sich nach Belieben, um die Aufmerksamkeit und Liebe des Menschen zu erringen.

Das werden auch die Entfrauen getan haben, von denen Tolkien berichtet. Sie bestellten das Land mit Getreide. Die männlichen Baumgeister aber, die Ents, betrauerten ihren Weggang.

Es sind vor allem die Baumnymphen und nicht so sehr die Baumfaune, die den Kontakt mit dem Menschen suchen, vor allem die Nymphen von Holunder und Linde, die in manchen Gegenden auch Eigennamen haben, z. B. Frau Kranewitt im Holunderstrauch. An Wegkreuzungen pflanzte man früher häufig eine Linde und bat dort die Lindenfrau um Schutz auf der Reise. Die christliche Religion ließ die Gebräuche bestehen und veränderte nur die Namen. Bei den Linden wurden Marienbildnisse errichtet, wie man sie z. B. im Münsterland noch häufig antrifft. Eigentlich ist eine solche Maria eine Abbildung der Lindenfrau; auch die Marienfiguren, die an Quellen und Bächen stehen, sind als Abbilder der Wassernixen zu verstehen.

Das innige Band zwischen Mensch und Baum zeigt sich auch an dem Brauch, bei der Geburt eines Kindes ein Bäumchen zu pflanzen, einen Birnbaum für die Mädchen, einen Apfelbaum für die Knaben. Bis zu einer bestimmten Ebene haben dann beide das gleiche Horoskop. Der Zustand des Baums läuft dann immer parallel mit dem des Menschen. Wenn das Kind in der Fremde war, konnte man am Zustand des Baumes ablesen, ob es ihm gut oder schlecht ging. Wenn der Baum starb, dann war es gewiß, daß auch der mit ihm verbundene Mensch verstorben war. Dies ist eine Tatsache, die vielfach bewiesen ist. So berichtet Michael F. Relley, ehemaliges Mitglied der Leibwache von Präsident Franklin Delano Roosevelt: »Es war ein harter Schlag für den Präsidenten, als seine Mutter Sarah Delano im September 1947 starb. Keine fünf Minuten nach ihrem Hinscheiden stürzte im Park eine mächtige Eiche um, bei ruhigem Wetter und ohne daß man an ihr ein Anzeichen einer Krankheit hätte entdecken können.«

Bei der Hochzeit der Schauspielerin Helene von Dönniges in einer griechisch-orthodoxen Kapelle auf dem Landgut ihres

Bräutigams, des Bojaren Yanco von Racowitza, schlug der Blitz in einen der drei Bäume auf der Kapellenanhöhe ein. Yancos Vater hatte sie dort bei der Geburt seiner drei Söhne gepflanzt. Es war Yancos Baum, der gefällt wurde. Die Hochzeitsgäste raunten: »Ein schlechtes Vorzeichen.« Wenig später ereilte Yanco der Tod.

Das unsterbliche Muster

Wenn im Herbst eines Morgens die letzten feurigen Dahlien als Opfer des Nachtfrosts verwelkt und leblos am Boden liegen, befällt manch einen Melancholie: Verschwunden sind die Blumen bis zum Frühjahr. Wohin sind sie gegangen? Ihre grobstoffliche Form ist zerstört, aber wo ist die Seele der Pflanze geblieben?

Als das kleine Gretchen in Andersens Märchen »Die Schneekönigin« die Rosen im Garten der Zauberfrau nicht mehr fand und niemand wußte, wo sie geblieben waren, machte sie das Gartentürchen auf, wo ihr ein eisiger Wind entgegenblies, und machte sich auf die Suche nach dem Land der Schneekönigin, dem Reich von Frost und Eis.

So erwachen auch wir an einem Wintermorgen in unserem kalten Schlafzimmer und sehen zu unserer Überraschung die Fenster vollgezaubert mit Eisblumen. Woher kommen sie? Sind es vielleicht die ätherischen Formen der Pflanzen, die sich nun nicht in der grobstofflichen Gestalt des Sommers, sondern in dem gefrierenden Kondenswasser an den Fensterscheiben abbilden? Woher sollte das Wasser die Formen nehmen, wenn sie nicht in der Luft oder im Äther vorhanden wären? Die Farn- und Blattmuster müssen allerdings an überaus fein verteilten stofflichen Resten von Pflanzen haften, die einst gelebt haben. Vielleicht sind sie im Rauch des Kohlen- oder Ölfeuers vorhanden, denn Kohle und Öl sind vor undenkbaren Zeiten aus den Resten abgestorbener Pflanzen entstanden. Erinnern uns die Farnformen nicht an die Farnbäume aus der Karbonzeit, deren Abbildungen uns in der Schulzeit so faszinierten? Wenn Menschen, Tiere und Pflanzen ihre stoffliche Gestalt verlieren, bleibt ihr Formmuster als ätherischer Stoff bestehen und kann sich unter bestimmten Umständen so materialisieren, daß es für normale Menschenaugen sichtbar ist. Es sind Figuren von Kraftlinien, die in sich die Neigung tragen, sich zu verdichten. Die Rose, die verwelkt, die schöne Frau, die durch den Tod entrückt ist – sie bleiben im Äther bestehen. Ihre Gestalt ist so fein, daß sie keinen Raum einnimmt und durch die stofflichen Dinge hindurchgehen kann. Ihr Reich ist außerhalb der Beschränkungen von Raum und Zeit. Das Muster ist unsterblich.

Über alle Jahrhunderte der westlichen Kultur hat sich das Wissen erhalten, wie man die ätherischen Muster im Stoff niederschlagen kann, so daß eine Gestalt sichtbar wird. Man nannte dies Wiedergeburt oder Palingenese und betrieb diese Kunst zum wissenschaftlichen Zeitvertreib. Die Gestalten erheben sich buchstäblich aus ihrer Asche – wie der Phönix, der sein Nest in Brand steckt und sich jubelnd neu erhebt.

Wenn man z. B. eine lebende Pflanze verbrennt, bleibt das Muster ihrer Gestalt in ihrer Asche erhalten. Wenn man die Asche mit einer Flüssigkeit vermischt, z. B. mit Wasser, und dieses gefrieren läßt, zeigt sich im Eis die Form der Pflanze. Man kann auch eine Pflanze in Regenwasser ausziehen und dieses destillieren. Das grüne Öl, das zurückbleibt, weist ebenfalls die Pflanzenformen auf.

Dr. William Maxwell (1619–1669), ein Freund des Rosenkreuzers Dr. Robert Fludd (1574–1637), gibt dieses Verfahren an: Man nimmt eine größere Menge Rosenblätter, trocknet sie an einem Feuer und macht dieses schließlich so groß, daß die Blätter zu weißer Asche verbrennen. Dann zieht man mit gewöhnlichem Wasser das Salz aus und legt dieses drei Monate in einem sehr gut verschlossenen Glasbehälter zum Feuer. Anschließend sechs Monate in Dung vergraben. Dann nimmt man es heraus und erhitzt es erneut, bis sich Gestalten im Glas zeigen. Man kann dann etwas davon nehmen und mit echtem Rosenwasser vermischen. Dies ist ein sehr kräftiges Herzmittel, das bei allen heißen Krankheiten hilfreich ist, die den Körper austrocknen.

Auch in Krakau gab es einen Arzt, der sich hiermit beschäftigte. Er verbrannte eine Rosenpflanze mit allen Teilen und bewahrte die Asche in einem geschlossenen Glas auf. Wenn man dieses erwärmte, sah man im Lichte einer Flamme ein Rosenpflänzchen entstehen, das Stengel und Blätter entwickelte und schließlich Rosen trug. Wenn man die Wärmezufuhr beendete, wurde die Pflanze wieder zu Asche.

Einem preußischen Forstmeister gelang es im Jahre 1790, aus weißem Terpentin, das von Terpentintannen stammte, einen ganzen Tannenwald aus einer Glasschale zu zaubern.

Bei einem anderen Autor finden wir folgenden Bericht: Ich vermischte die Salze verschiedener Pflanzen und gab sie mit etwas Lavendelsalz in zwei hohe Gläser. Gegen Abend sah ich zu meinem Erstaunen am Rand der Gläser ganz kleine Lavendelpflänzchen aus dem Wasser aufsteigen. Am Morgen hatten sie sich am Boden der Gläser abgesetzt. Durch Erwärmen der Gläser konnte ich eine ganze Woche lang dieses Wunder immer wieder vollbringen.

Der bekannte Agrippa von Nettesheim (1486–1535) rät: Wenn sich am Rebstock die ersten Blüten zeigen, stelle man ein großes Glasgefäß mit Olivenöl daneben und hänge den Zweig mit Blatt und Knospen darein; man schließt es ab und befestigt es gut am Rebstock, damit es vom Wind nicht umgeworfen wird. Die Sonne muß ungehindert darauf scheinen können. Wenn die Trauben im Öl reif geworden sind, drückt man sie in einem leinenen Tuch aus und bewahrt den Saft in dem Öl auf. Wenn man mit diesem Öl eine Öllampe füllt, wachsen im ganzen Raum grüne Stämme, Zweige und Weintrauben.

Robert Boyle (1527–1691) berichtet, daß er einmal guten Grünspan hatte, in dem noch viele Teilchen Weingeist waren, mit dem man das Kupfer ätzt. Er wartete, bis es sich aufgelöst hatte und ließ die entstandene Lösung zusammen mit Schnee und Salz gefrieren. Auf dem Eis entdeckte er kleine Rebstöcke.

Alle diese wiederauferstandenen Pflanzen sind nichtstofflich, Manen gewissermaßen, gerade sichtbar gewordene ätherische Muster.

Auch August Strindberg (1849–1912) stellte ähnliche Versuche an. Er ließ Weinsäure auskristallisieren und nahm einen Dendriten in Form eines Traubenblatts wahr. Ähnliches geschah mit Pflanzensäften, u. a. von Stachelbeere, Kaiserkrone und Dahlie.

Im 20. Jh. haben die Anthroposophen Luise Kolisko und Ehrenfried Pfeifer Versuche in dieser Richtung unternommen, indem sie Kupferchlorid mit Pflanzensäften mischten. Dabei konnte man im Kristallisationsbild die Gestalt der Pflanze wiedererkennen. Gleichzeitig zeigte sich die Übereinstimmung dieses Bildes mit der Kristallisationsfigur eines menschlichen Organs, für das die Pflanze seit jeher als heilkräftig galt, z. B. die Wurzel des Schöllkrauts für die Gallenblase (Abbildungen findet man u. a. in dem Buch von Wilhelm Pelikan »Heilpflanzenkunde«).

In dem Buch »Neue Welten hinter dem Atom« von George de la Warr und Langston Day, die solche Figuren fotografierten, findet sich das Bild eines Eisenhuts (Aconitum napellus), der sich über einer homöopathischen, stark potenzierten Tablette aus dieser Pflanze im Äther befand.

Bei Mensch und Tier ist es nicht anders als bei den Pflanzen. So hat de la Warr einen Apparat gebaut, in dem man einen Blutstropfen aufbewahren kann. An diesem Apparat kann man dann zu Lebzeiten des Menschen ablesen, wie sein Befinden ist. Das ätherische Muster des Tropfens verändert sich genauso wie dasjenige des Blutes, das sich noch im Körper des Menschen befindet, da die Verbindung bestehen bleibt. Indem man das Muster dieses Blutstropfens im Stoff niederschlägt, erhält man die Gestalt des Menschen als Schatten. In dieser Weise erzeugten die Alchemisten des Mittelalters ihre kleinen Menschen, die Homunculi.

Das ätherische Muster ist an allen Teilchen der stofflichen Form vorhanden, auch wenn diese zu Asche geworden ist oder durch Verreiben millionenfach verdünnt in eine homöopathische Tablette umgewandelt wurde.

Im Äther sind Abbilder von allem vorhanden, was jemals eine stoffliche Existenz hatte, hat oder noch haben wird. Der Äther ist jenseits von Raum und Zeit und durchdringt alles, auch den kompaktesten Stoff. Das Muster, das zur ätherischen Welt gehört, ist unsterblich.

> Weine nicht um Schönheit, die verlorenging,
> oder um geliebte Seelen, die verschieden.
> Alles, was flüchtig im Stoff erschien,
> besteht und lebt noch fort und wird dereinst
> erneut sich zeigen im stofflichen Gewand.
> Jedes Geschöpf ist ja nur ein Bild
> eines Teils des großen Leibes,
> des Weltenganzen, dessen lebende Zellen
> wir Menschen sind.

Pflanzen heilen die Menschenseele

Pflanzen haben als Heilkräuter nicht nur eine Wirkung auf den Körper des Menschen, sondern auch auf seine Seele. Dies geschieht weniger durch die Stoffe, aus denen der Pflanzenkörper besteht, als vielmehr durch die Kräfte und Strahlungen, die von der Pflanze ausgehen. Das Ätherische wirkt auf das Ätherische, Seele auf Seele.

Wir haben bereits gesehen, daß ein Kräuterbüschel, das man im Haus aufhängt, alles Böse vertreiben kann, weil es Krankheitskeime und die Schwingungen schwarzer Magie vernichtet, aber auch die Gemütsstimmung verbessert. Zwischen Stoff und Schwingung liegen Duft und Aroma einer Pflanze, die auf Leib und Seele wirken. Der Duft eines Maiglöckchens z. B. kräftigt das Herz, aber auch den Lebensmut. Rosenduft verfestigt das ätherische Feld des Menschen und stimmt seine Seele glücklich.

Trägt man eine Pflanze mit starker Ausstrahlung bei sich, der durch einen Segensspruch auch noch die Seelenkraft eines Menschen hinzugefügt wurde, dann ist sie zu einem Amulett geworden, das Unheil abwendet.

So wurden früher Pflanzenwurzeln als Amulett gegen bestimmte Krankheiten, Ansteckungen und Beeinflussungen verkauft und getragen. Ähnlich ist es mit Amuletten aus Metallen oder Edelsteinen. Gemeinsam ist ihnen die Ausstrahlung. Asthmakranke, die ein Zinkplättchen an einer Schnur um den Hals tragen, können durch die beruhigende Wirkung des Zinks von bronchialem oder nervösem Asthma geheilt werden. Man könnte auch ein zinkhaltiges Heilkraut, z. B. das Zinkveilchen, zu einem Amulett verarbeiten.

Je feiner die Seelenebene ist, auf die man Einfluß nehmen will, desto stärker muß man Stein, Metall oder Pflanze verdünnen, um die Kraftschwingungen aus ihrer stofflichen Bindung freizumachen.

Dies ist eines der Grundprinzipien der Homöopathie. Bei sehr hohen Potenzierungen, z. B. im Verhältnis 1 zu einer Zahl mit 200 Nullen (homöopathisch D 200) ist von dem verdünnten oder verriebenen und geschüttelten Wirkstoff chemisch nichts mehr nachweisbar. Die Kraft jedoch, die in dem Stoff gefangen war, ist durch die Verdünnung befreit und durch das Schütteln in die kosmische Lebenskraft aufgenommen worden. Bei einer Potenzierung von 1:1 Million (D 6) liegen viele heilkräftige Stoffe in der gleichen Verdünnung vor, wie wir sie auch im menschlichen Körper vorfinden, so daß sie direkt aufgenommen werden können. Verfeinert auf D 200 gelangt die Kraft auf die Schwingungsgeschwindigkeit der Seele.

Der Duft und die Ausstrahlung von Pflanzenteilen sind ebenfalls Verdünnungen, die unmittelbar auf das ätherische Kraftfeld oder den Ätherleib (Bioplasma) des Menschen wirken. In diesem liegt das Muster des gesamten Lebensprozesses dieses Menschen, das eine Muster, das sich auf allen Ebenen ausdrückt, in den Lebensumständen, im Seelenleben und im Körper. Da homöopathisch verdünnte Naturheilmittel, die aus dem Pflanzen-, Tier- oder Mineralreich stammen, auf den Lebensleib einwirken, sind sie zwangsläufig Heilmittel für Seele und Leib zugleich, aber auch Zaubermittel, die die Umgebung des Menschen reinigen, heilen oder in Ordnung bringen. Sie beeinflussen daher seine Lebensumstände, sein Schicksal. Sie ziehen die guten Kräfte an und stoßen die bösen ab.

Berühmte homöopathische Ärzte wie der Amerikaner Nash oder der Franzose Gallavardin verordneten Mittel in der Potenzierung von D 2000 und D 6000. Gegen eine körperliche Krankheit verordnet, veränderten sie Gemüt, Seele und Charakter. Menschen wurden dadurch von Trunksucht, Jähzorn, Stumpfsinn, Sexbesessenheit usw. geheilt. Es kommt nur darauf an, daß der Arzt oder Heiler durch Erfahrung oder Intuition sieht, welches Mittel im gegebenen Moment gerade zum Muster dieses Menschen paßt.

Betrachten wir z. B. das bekannte Mittel Belladonna (Tollkirsche, Atropa Belladonna). Eine Tinktur daraus träufelt man in die Augen, um so die Pupillen zu vergrößern und für eine Weile eine schöne Frau (bella donna) zu werden. In D 3 (1:1000) ist es ein ausgezeichnetes Mittel gegen vielerlei Leiden, vom Bettnässen bis zu einsetzenden gefährlichen Infektionen. Gibt man es jedoch in D 300, dann wirkt es auf bestimmte weibliche Neigungen der Seele, z. B. Gefallsucht und den nach Geburten manchmal auftretenden Drang, mit dem Säugling aus dem Fenster zu springen. Diese Neigungen können dann verschwinden, wie aus einer Krankengeschichte von Gallavardin hervorgeht (siehe die Bearbeitung seiner Anmerkungen durch Dr. Hans Triebel in dem Buch »Homöopathische Beeinflussung von Charakter, Trunksucht und Sexualtrieb«, Haug-Verlag).

Man denke nur an das in unserer Zeit so viel Leid und Schaden verursachende Übel des unbeherrschten Geschlechtstriebs bei jungen Männern, die zahllosen schrecklichen Überfälle, die bei Mädchen zu einer lebenslangen Abneigung gegen alles Sexuelle führen und nicht selten eine Abtreibung notwendig machen oder sogar Mord und Selbstmord nach sich ziehen. Diese Unbeherrschtheit ist heilbar.

Wie viele Menschen gibt es nicht, die selbst von ihrer Sexbesessenheit geheilt werden wollen, aber nicht wissen, wie. Wieviele onanieren nicht und möchten gerne aus ihrer Versklavung erlöst werden! In Klöstern hat man seit jeher nach solchen Mitteln gesucht.

Es stehen verschiedene Heilkräuter zur Verfügung, u. a. Keuschbaum (Vitex agnus castus), der nicht ohne Grund so heißt. Das einfachste ist wohl das Küchenkraut Majoran (Origanum majorana); das schon in D 4 in dieser Richtung wirkt.

Bei Frauen wirkt meist Platina D 300 ausgezeichnet, manchmal D 30.

Nux vomica, die Brechnuß, ist ein in der Homöopathie sehr vielseitig eingesetztes Mittel. Durch ihre vielfältigen Wirkungen eignet es sich auch für Menschen mit einer stark aufgeladenen Gefühlsseele (Mond-Uranus-Betonung), die im Wechsel himmelhoch jauchzend und zu Tode betrübt sind (manisch-depressiv). Sie sind unruhig, wenn ihr Magen nicht genug eiweißreiche Nahrung zu verdauen hat und ihre Seele nicht genügend emotionelle Eindrücke zu verarbeiten bekommt.

Die Brechnuß ist ein in Südasien beheimateter Baum mit weißen Blüten und kugeligen Früchten. Die Samen, die sog. Krähenaugen, sind giftig. Die Sinne werden geschärft, während gleichzeitig Muskelkrämpfe auftreten. In homöopathischer Verdünnung, D 3 (d. h. 1:1000) und höher, heilt die Brechnuß durch das dann gedämpfte Übermaß an Yang-Kraft Leiden wie Gesichtslähmung, Lähmungen nach Diphterie, Blasenlähmung und Bettnässen. Homöopathisch aufbereitet wirken die Samen also gerade stimulierend, u. a. auch bei Schwächezuständen nach schweren Infektionen, sowie besonders auch als Herztonikum.

Die Brechnuß stärkt das Ich (analog zum Herzen), damit man die Wallungen des Gefühlslebens besser unter Kontrolle halten kann.

In sehr hoher Potenzierung, z. B. D 200, braucht man Brechnuß manchmal nur ein einziges Mal oder vielleicht nur wenige Male in Abständen von mindestens zwei Wochen zu geben, um einen unruhigen oder sogar bösartigen Menschen ruhig und friedlich zu machen. Denn, was ist Bösartigkeit? Warum feindet jemand einen verhaßten Mitmenschen an? Es ist ein Übermaß an elektrischer Ladung, das alle Seeleneindrücke und Seelenreaktionen verstärkt. In hoher Verdünnung dämpft die Kraft der Brechnuß diesen elektrischen Überschuß im Ätherleib (Bioplasma).

In dieser Form hilft Nux vomica auch gegen Eifersucht, gegen schwere Trunksucht mit Mißhandlung von Frau und Kindern, gegen übermäßige Sexualität, Schlaflosigkeit und innere Unruhe, gegen reizbare Stimmung, die die ganze Familie in Angst vor Wutausbrüchen hält. Manchmal gibt man auch einem Patienten Nux vomica gegen ein kleineres Leiden, und dieser stellt dann erstaunt fest: Das Mittel hat mir nicht nur geholfen – ich bin ein anderer Mensch geworden! Sie haben mir ein Zaubermittel gegeben!

Wieder eine andere wunderbare Giftpflanze ist der Gefleckte Schierling, Conium maculatum, ein würdevolles Doldengewächs mit braunen Flecken auf den schönen, dreifach fiederschnittigen Blättern. Frisch und unverdünnt angewandt ist diese Pflanze äußerst giftig; u. a. starb Sokrates durch den Saft dieser Pflanze. Plato hat beschrieben, wie dieses Gift zuerst die Beine lähmt und die Lähmung anschließend nach oben fortschreitet, bis die Atemorgane ergriffen werden und der Tod eintritt.

In relativ niedriger Verdünnung, z. B. Conium D 4, baut dieses Gift ein Übermaß an Schöpfungskraft ab, z. B. bei beginnendem Krebs, wie er bei Frauen auftritt, die schwangerschaftsverhütende Mittel einnehmen, aber nicht auf sexuellen Genuß verzichten. Die Schöpfungskraft ihrer Gebärmutter beginnt dann, wild embryonale Zellen aufzubauen, was sich in Warzen, Beulen und Geschwüren äußert. Der Anfang ist manchmal eine Zellulitis, eine Entzündung der Hautzellen. Die Anwendung des Schierlings als Krebsmittel geht auf den Leibarzt von Maria Theresia zurück (Maria Theresia hat es sicher nicht gebraucht – sie schenkte 14 Kindern das Leben).

In sehr hoher Verdünnung beseitigt das Mittel wiederum bei älteren Menschen die Lähmung der Seelenfunktionen und verhindert so Demenz. Gallavardin behandelte erfolgreich eine 84jährige Dame, die früher geistig sehr rege war, aber nun allmählich das Interesse an ihrer Umgebung und dem Weltgeschehen verlor: Mit Conium D 300 kehrte ihre geistige Frische zurück.

In einer dazwischenliegenden Potenz, D 30, ist Conium gut gegen Drüsenschwellungen, Lähmung von Gehirn- und Rückenmarksnerven, Händezittern und Schwindelanfälle bei älteren Menschen.

Die allbekannte Arnica montana, der Berg-Wohlverleih, kann ebenfalls die Seele beeinflussen. Die Pflanze, die auf Berghängen wächst, leistet gute Dienste gegen Beulen, Verstauchungen und Blutergüsse nach einem Sturz, aber auch gegen den Nervenschock, der sich bei dieser Gelegenheit einstellen kann. Sie stillt alle Schmerzen, die von Verletzungen herrühren. Wenn man einen Zahn ziehen lassen muß, nimmt man vorher einige Kügelchen Arnica D 3; dann kann man den Zahn ohne Betäubung ziehen lassen und hat fast keine Schmerzen dabei.

Man gebraucht die Pflanze innerlich und äußerlich. Arnikatinktur sollte man immer im Haus haben, um damit – mit Wasser verdünnt – Quetschungen einzureiben.

Auch seelische Wunden kann man damit heilen, vor allem in Fällen, in denen eine so große Apathie auftritt, daß ein Mensch nur stumm dasitzt und auf nichts reagiert. Eine einzige Gabe von fünf Kügelchen Arnica D 200 kann einen solchen Menschen so verwandeln, daß er plötzlich sprüht vor Unternehmungslust. Wenn die Reaktion überzuschießen droht, muß man eine Woche später einmal Arnika D 100 geben, um etwas zu dämpfen. Die Seelenwunde, die alles Interesse zum Erliegen gebracht hatte, ist dann geheilt.

Eine andere wunderbare Pflanze ist das Johanniskraut, Hypericum perforatum. Es gehört zur Familie der Hartheugewächse oder Hypericaceae, wird 60–70 cm hoch und wuchs früher in üppigen Beständen auf Sandböden. Um Johanni (24. Juni) beginnt es, seine goldgelben, fünfblättrigen Blüten zu entfalten. Hält man die Blätter gegen das Licht, sieht man kleine Pünktchen darin, die Öldrüsen. Gibt man die frischen, etwas zerkleinerten Blüten und Blätter mit Olivenöl in ein Glasgefäß und stellt dieses zwei Wochen gut verschlossen in die Sonne, dann hat sich das Öl rot verfärbt. Nach sieben Wochen hat man das ausgezeichnete Johannisöl, das innerlich und äußerlich gegen zahllose Leiden anwendbar ist, vor allem gegen solche, die die Nerven betreffen. Ein mit dem Öl bestrichener Bluterguß verschwindet in kürzester Zeit. Auch Nervenlähmungen durch Kälte, Lähmungen nach Schlaganfällen und Nervenschmerzen (Neuralgien) lassen sich damit behandeln.

Kinder, die wegen einer Gehirnschädigung bei der Geburt ihre

Arme und Beine nicht richtig gebrauchen können, müssen die Gliedmaßen mit dem Öl einreiben. Bei Bettnässen kann man die Innenseiten der Oberschenkel und den Unterleib damit bestreichen, damit die dort verlaufenden Nerven aktiviert werden und melden, wenn die Blase voll ist.

Das Johanniskraut steht in starker Verbindung zur Sonne, die ihm die große Heilkraft schenkt; es blüht ja auch zur Zeit des höchsten Sonnenstandes. Am besten verwendet man dieses Kraut innerlich und äußerlich gleichzeitig. Man beginnt mit einem Tropfen Johanniskrautöl und nimmt dann täglich einen Tropfen mehr, bis man bei sieben Tropfen angelangt ist; dann geht man in der gleichen Weise täglich einen Tropfen zurück. Man kann auch täglich Tee von dem frischen oder getrockneten Kraut trinken (Stengel, Blatt und Blüte). Dies ist gut zur Vorbeugung und Heilung von Erschöpfung, Nervosität und Melancholie (Lebensüberdruß). Johanniskraut nährt und kräftigt Nerven und Seele.

In hoher Verdünnung, z. B. D 60, wirkt es noch direkter gegen Melancholie und sogar Neurosen. Sonnenkraft gibt der Seele Mut und Selbstvertrauen, Lebensfreude, positive Seelenhaltung und den Glauben an den guten Ausgang der Dinge.

Menschen mit einer schlecht gestellten Sonne in ihrem Horoskop tun gut daran, täglich Johanniskrauttee zu trinken.

Zuletzt seien noch genannt der Kolben-Bärlapp (Lycopodium clavatum) und die Cashewnuß (Anacardium occidentale), denen im zweiten Teil dieses Buches ein eigenes Kapitel gewidmet ist. Anacardium schützt die Seele vor Besessenheit durch einen Geist, der keinen Körper gefunden hat, während Lycopodium schwache Seelen, Kinder und Alte gegen die Übermacht derjenigen schützt, denen sie anvertraut sind.

In homöopathischen Lehrbüchern findet man noch eine ganze Reihe von Pflanzen, die in geringer Verdünnung den Körper heilen und in sehr hoher Verdünnung die Seele. Homöopathisch verdünnte Kräuterextrakte sind von Stoff in Kraft potenziert und wirken ab einer bestimmten Verdünnung direkt auf das Kraftfeld, das Bioplasma oder den Ätherleib des Menschen und damit auch auf seine Seele. Je höher die Potenz (= Kraft), desto länger muß man nach der Verabreichung warten, bis das Mittel tiefgreifend wirken kann.

Es wird manchmal die Frage gestellt, inwieweit es zulässig ist, Menschenseelen im Guten zu beeinflussen. Muß der Mensch nicht durch eigene Anstrengung, durch seinen eigenen freien

Willen zur Selbsterziehung kommen? Nimmt man nicht durch ein homöopathisches Mittel, das sein Seelenmuster verändert, den Prüfstein weg, der als Aufgabe für das Ich angelegt war?

Dies ist eine Teilfrage der großen Frage, inwieweit man überhaupt Heilmittel verabreichen darf, wenn doch alles vom Geist aus endgültig geheilt werden kann? Muß der Mensch nicht erst durch sein Leiden entdecken, daß es die Folge seiner falschen Seeleneinstellung ist?

Im Prinzip ist letzteres zu bejahen. Allerdings darf der Mitmensch durchaus dem Mitmenschen helfen, zu dieser Einsicht zu gelangen. Darum ist das Wichtigste, zuerst einmal mit jemandem zu reden. Es gibt natürlich auch Menschen, die nicht mit sich reden lassen wollen und sich immer tiefer in ihr Elend vergraben. Dies sind Fälle, die man ruhig sich selbst überlassen sollte in der steten Hoffnung, daß der selbsttätige Seelenprozeß sie doch noch zu ihrer Lösung bringen wird. Es gibt aber auch sehr viele Fälle, in denen der helfende Mitmensch (Jupiter im Horoskop) in das Lebensmuster der Patienten als Abgesandter Gottes einkalkuliert ist, und dann ist dieser Helfer berechtigt, jedes geeignete Mittel anzuwenden. Dies sind allerdings Dinge, die nur in dem Augenblick entschieden werden können, in dem man mit einem bestimmten Fall konfrontiert wird, und dann müssen Intuition, Einsicht und Erfahrung die Entscheidung herbeiführen – und auch ein Gebet um die rechte Eingebung ist gewiß nicht fehl am Platze.

PFLANZENSEELEN

Das Kräuterbüschel

Früher hing in jedem Bauernhof am rauchgeschwärzten Hahnenbalken ein Kräuterbüschel, ein Strauß getrockneter Pflanzen, die im Sommer gepflückt wurden. Der Johannistag (24. Juni) kurz nach dem längsten Tag war hierfür ein günstiger Zeitpunkt, da dann alle Pflanzen mit der vollen Glut der Sonne getränkt waren. Üblich war auch der 14. August, der Tag vor Mariä Himmelfahrt, der ursprünglich Herthas Tag war – Hertha oder Nerthus ist Mutter Erde. Man zog in alten Zeiten auch in langer Reihe einen Tri-Berg hinauf, um die spiralige Bahn der Sonne nachzuahmen. »Was die Götter tun, müssen die Menschen nachahmen.«

In der Mitte eines solchen Kräuterbüschels muß eine Sonnenpflanze sein: Sonnenblume, Ringelblume, Alant, Königskerze oder Johanniskraut. Um diese werden die Pflanzen der Planeten Merkur, Venus, Erde, Mars, Luzifer, Jupiter, Saturn, Uranus, Neptun und Pluto angeordnet. Die Auswahl der Pflanzen bleibt jedem selbst überlassen.*

Traditionelle Zusammenstellungen waren u. a. das Johannisbüschel mit sieben Kräutern, das Neunerbüschel und das Fünfzehnerbüschel.

Beim Johannisbüschel war wohl das Johanniskraut (Hartheu, Hypericum perforatum) in der Mitte; umrahmt war es nach der Überlieferung mit Geflecktem Aronstab (Yarum), Majoran (Origanum), Benediktenkarde (Cnicus benedictus, früher: Herba benedicta), Lauch (Allium), Jungfer im Grünen (Nigella), Wassernabel (Nabelkraut), Teufelsdreck (Asa-foetida, Excrementum diaboli) und Teufelsabbiß (Succisa). Die Anfangsbuchstaben der in Klammern gesetzten Benennungen ergeben den Namen Johannes. Dies war jedoch nicht das Entscheidende; wichtig war den Menschen die heilende Ausstrahlung der Kräuter, die sowohl böse Gedanken und Absichten als auch Krankheitskeime (durch die bösen ätherischen Bilder verdorbene Bazillen, Bakterien und Viren) vertreibt oder vernichtet. (Noch besser wäre eine Umwandlung in gute Gedanken.)

* siehe M. Uyldert, »Sterren, mensen, kruiden« (Sterne, Menschen, Kräuter), de Driehoek, Amsterdam

Das Neunerbüschel wurde um die Zeit der Wintersonnenwende auf Holzkohlenglut in der kupfernen Bettpfanne mit langem Stiel verbrannt; in den vier heiligen Rauhnächten vor dem Thomastag, vor Weihnachten, Neujahr und dem Dreikönigsfest ging der Bauer damit zur Reinigung durch Haus und Stallungen. Dieses Kräuterbüschel mußte am 14. August vor Sonnenuntergang und ohne Messer gesammelt werden, da ihm das Eisen die Kraft entzogen hätte. In der Mitte befand sich der Alant oder Wotanskopf; Wotan ist Merkur, der u. a. Luftwege, Atem und Sprache beherrscht. Die Alantwurzel ist eines der besten schleimlösenden Mittel bei Bronchitis und Asthma bronchiale. Man kocht ein Teil ab und stellt aus einem Teil einen Kaltwasserauszug her; dann beides mischen und trinken. Der Alant hat eine goldgelbe Blüte (Sonne). Wotan-Merkur ist in Nordeuropa die Kopfgottheit (Denkpol), während dies im Süden Jupiter-Donar-Thor ist (Lebenspol).

Umrahmt wurde der Alant im Neunerbüschel von Wasserdost, Baldrian, Beifuß, Eberraute, Wermut, Waldmeister, Bittersüßem Nachtschatten und Rainfarn. Manchmal kam noch Schafgarbe und Weinraute dazu.

Beim Fünfzehnerbüschel war eine Königskerze in der Mitte; um diese wurden gruppiert Rohrkolben, Große Pimpernelle, Johanniskraut, Glockenblume, Teufelsabbiß, Kümmel, Roßminze, Rainfarn, Weinraute, Teichbinse, Eberwurz, Liebstöckel, Bittersüßer Nachtschatten und Kriechendes Fingerkraut. Diese Kräuter mußten mit dem Stengel des Bittersüßen Nachtschatten dreimal umwickelt werden. Aus dieser Pflanze wurde auch Tee bereitet; den Aufguß fügte man für ein Hexenbad dem Badewasser zu, mit dem man hysterische Frauen beruhigte. Als Badezeit waren dreieinhalb Stunden vorgeschrieben. Im Gegensatz zu den anderen oben erwähnten Kräutern ist der Bittersüße Nachtschatten giftig. Es ist ein Kraut mit magischen Kräften aus der Familie der Nachtschattengewächse (Solanaceae), der u. a. auch Tollkirsche (Atropa belladonna), Bilsenkraut, Schwarzer Nachtschatten, Tabak, Tomate und Kartoffel angehören.

Bei der Herstellung eines Kräuterbüschels muß man nicht unbedingt die genannten Pflanzen verwenden. Es ist aber in jedem Fall ein guter Brauch, im Winter einige getrocknete Kräuter zur Reinigung im Haus zu haben, ob man sie nun auf Holzkohle verbrennt oder nicht. Man kann sie z. B. auch auf dem metallenen Deckel eines Marmeladeglases auf den Ofen legen. Sehr gut gegen grassierende Grippe sind Salbei, Thymian, Kamille, Majoran, Wacholderbeeren, Lavendel, Rosmarin, evtl. auch

Weihrauch (Harztropfen, Olibanumöl). Sie vertreiben Krankheitskeime und Dämonen (verselbständigte menschliche Seelenbilder, Vorstellungen, Wunschbilder, Gefühlsmuster, Denkmuster und Ambitionen).

Die gleiche Wirkung hat eine brennende Kerze, am besten aus Bienenwachs.

Wenn ihr Kind nachts unruhig schläft oder schwere Träume hat, zünden Sie eine Kerze an und verbrennen Sie etwas Kamille oder Salbei. Wenn es öfter vorkommt, einige Salbeiblätter in warmer Milch mitziehen lassen und dem Kind vor dem Zubettgehen etwas davon zu trinken geben.

Eine durchgehende Harmonisierung Ihrer häuslichen Atmosphäre erreichen Sie, wenn Sie ein zu Ihrem Horoskop passendes Kräuterbüschel über Ihr Bett oder in das Wohnzimmer hängen.

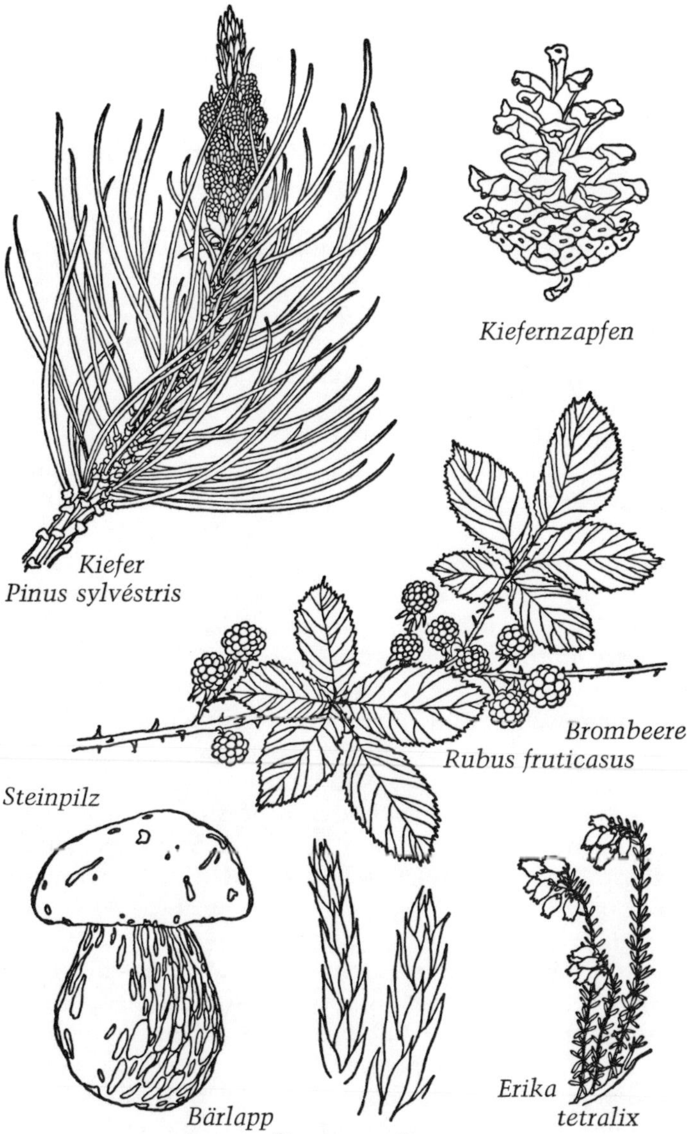
Kiefernzapfen
Kiefer
Pinus sylvéstris
Brombeere
Rubus fruticasus
Steinpilz
Bärlapp
Lycopodium complanatum
Erika
tetralix

Die Heidegemeinschaft

Auf der Lüneburger Heide kann man sie noch sehen, die Schäfer mit ihrer Herde, und die alten sächsischen Gehöfte, die sich unter jahrhundertealten Eichen ducken, den Bäumen Donars. Von einer Anhöhe aus sieht man die Wacholderbüsche in vereinzelten Gruppen stehen, wie Soldaten hügelan stürmend und plötzlich wie von Zauberhand zum Stillstand gebannt. Geheimnisvoll und einsiedlerisch ist der Wacholder, auf dem Rückzug dort, wo zu viele Menschen gehen. Langsam reift seine Beere im Verlauf zweier Jahre heran, konzentrierte Kraft in sich sammelnd, die das Blut des Menschen von Säuren reinigen kann. Wenn man auf einer solchen Beere kaut, die man im Winter getrocknet aufbewahrt, erzählt der harzige Geschmack vom Ernst des Heidelebens, von der Kargheit des Bodens und rauhen Winterwinden.

Was dort wächst, ist meist auch holzig und dürr, aber stark und zäh. Saturn und Mars wohnen ja im Heidekraut, in Glokkenheide und Rauschbeere, in Preißel- und Heidelbeere, in Moorbeere und der Heidekiefer mit ihrer ungeheuren Lebenskraft, die in einem Jahr einen halben Meter wachsen kann. Die Rauschbeere sah ich noch bei den Render Klippen auf der Veluwe. Als Blaricum im Gooi noch ein stilles Bauerndorf war mit Sandwegen, auf denen der Milchkarren tiefe, mit blinkendem Regenwasser sich füllende Spuren hinterließ, wuchsen auf dem vom Seewind gewellten Sand noch die hübschen Heiderosen und saure Brombeeren. Mars läßt ja auch Dornen wachsen, an denen manchmal ein Kaninchen ein weißes Wolleflöckchen lassen muß.

Mächtige Wolkenhaufen ziehen über die einsame Heide, und Roeltje der Schäfer, Fäustlinge strickend im Gehen, erzählt dem mitlaufenden Kind alte Märchen und Sagen. Schnell auf den Bauch legen, Kind! Da kommt Wotan! Die Wilde Jagd stürmt durch den Himmel über dem hellsichtigen Mann, seiner Herde und seinem Hund, und grüßt die Birken, die in Dreiergruppen die Heide auflockern, Bäume Wotans, der den Menschen die Sprache gab und den Blättern die Gabe des Wisperns. Die Birke ist lieblich und sucht die Sonne auf der Heide. Der Wind kann es ihr nicht wehren; sie gibt ihm geschmeidig nach. Sie liebt die

Luft, den weiten Raum um sich, sie ist wenig erdgebunden: Ihre Wurzeln breiten sich horizontal aus, sind dem Boden kaum verhaftet.

Im Frühjahr wogt das Goldgelb des Ginsters über die Heide, zähes Gesträuch, nüchtern und holzig, ein Teil der Heide. Sie alle bilden zusammen die Heidegemeinschaft: Der trockene Boden mit dem violetten, honigduftenden Heidekleid, der Kiefernwald mit den Preißelbeeren, der Wacholderbeere, den Birkengruppen und den vielen Pilzen im Herbst. Die Glockenheide am Tümpel, dazu die Kriechweide, die Krähenheide mit ihren schwarzen Beeren für die Krähen, die Heidelbeere und die Moorbeere. Die Heckenrosen und die Brombeeren. Der Ginster. Die weißen Feuersteine. Die Einsamkeit und der Wind mit seinen alten Geschichten. Die jagenden Wolken. Die Schafe, die jeden jungen Trieb abknabbern und so die Heide erhalten, die sonst zum Wald werden würde.

Im Herbst, wenn die Heide blüht, kommt das summende Bienenvolk, um den Honig zu holen. Emsig schwärmt es aus den Körben aus, die der Imker nachts am Rand der Heide aufgestellt hat. Die Sonne, die Stille, das Gesumm.

Wenn eines der Mitglieder der Gemeinschaft ausfällt, wird die Harmonie gestört, und es beginnt der Verfall. Wenn der Schäfer weggeht (trotz aller Subventionen – die vielen Wanderer machen ihm die Schafe nervös), dann beginnen unverhältnismäßig viele Kiefern und Eichen zu wachsen, die der Mensch wieder fällt. Eine öde Leere bleibt zurück, auf der sich kein Heidekraut ansiedelt und keine Pilze erscheinen. Der Boden verarmt, weil der Schafdung fehlt. Das Grundwasser sinkt, der Tümpel trocknet aus, die Kriechweide und die Glockenheide verschwinden. Die Wacholderbeere zieht sich zurück, vom Menschen verschreckt. Der Wald wird zu trocken, die Heidelbeeren weniger saftig und immer seltener. Die Preißelbeeren und die Moorbeere sind nicht mehr zu finden. Die Heide verarmt. Das Heidekraut wächst nicht mehr so hoch; es fühlt sich verlassen und traurig. Die Krähenheide verschwindet. Kiefern und Birken halten noch durch. Aber schon beginnt das feuchte Moos zu ihren Füßen trocken zu werden, und die feuchten Septembertage vermögen immer weniger rote und braune Köpfchen aus der Erde zu locken: Die Pilze ziehen sich zurück. Sobald gefällt wird, werden die Kobolde vergrämt, und ihre verschwiegenen Pfade liegen ungeschützt und verlassen. Der Ginster stirbt ab. Längst ist die Heiderose verschwunden. Immer mehr Menschen trampeln die Wege aus, reißen Heidekraut aus, lassen Abfälle zurück. Die

Heide wird dürr; sie regeneriert sich nicht mehr. Jetzt schlägt die Stunde des Grases, das sich an die Sohlen der Menschen geheftet hat; jetzt beginnt es zu keimen und drängt die trauernde Heide zurück. Es läßt graubraune Flecken im Violett entstehen, die immer größer werden. Die Atmosphäre wird dünn und schwach. Diejenigen, die sie hüteten, sind fortgegangen.

Der Mensch und das trockene Gras, das ihn begleitet, schaffen die Steppe. Dann kommt die große Krise. Das Sterben unter den Menschen, die ihre besten Freunde, die Bäume, getötet und damit die guten Naturgeister verjagt haben.

Lange Zeit wird dann nichts sein.

Die Villenviertel sind verödet, kein Flugzeuglärm erfüllt mehr die Luft. Die Erde wird gemartert von peitschendem Regen und sengender Sonne. Nur die schlafenden Samen bewahren das Leben, tief unter der Erde.

Dann, wenn alles abgebüßt ist, wird eines Tages Stille sein. Man wird ein Menschenpaar über die leere Heide schreiten sehen, und ihr Gesang wird die Luft erfüllen. Sie werden mit bloßen Händen ein Loch in die Erde graben, um dort im Winter zu schlafen, tief, warm und lange Zeit. Im Sommer werden sie die durchsonnte Luft atmen und draußen auf der Erde sein, Tag und Nacht. Dann werden sie durch ihre Liebe die Samen zum Keimen bringen, die so lange gewartet haben.

Die Kiefer wird sich wieder emporrecken, und das Heidekraut wird sich zwischen ihren Wurzeln einen Platz suchen. Eine Eichel wird keimen, und mächtige Eichen werden wieder die dankbaren Menschen beschützen. Der Mensch wird vom Duft der sonnenbeschienenen Kiefer leben, und mit dem Eichhörnchen wird er die Früchte des Waldes teilen. Das Heideschaf wird zurückkommen, die Heide düngen und dem Menschen seine Wolle schenken. Die Heide wird wieder grün werden und violett und duftend, und die Bienen werden wieder summen. Das Heideröschen wird blühen und nicht mehr abgerissen werden. Der Mensch wird ein anderer geworden sein. So wird alles wieder von neuem beginnen. Nur besser.

Die Heidekrautgewächse

Die Familie der Heidekrautgewächse ist gerade so wie die Menschen, die seit jeher die Heide bewohnen: ernsthaft, trocken, stark und zäh. Die Bauern der Veluwe, die in harter Arbeit das Land bestellen, waren immer schwarz gekleidet, schweigsam, erfüllt vom Bewußtsein der Schuld und Sündhaftigkeit des Menschen. Der Mann stach die Grassoden, mit denen die halb unterirdische Hütte gedeckt wurde; die Frau saß mit dem Kind auf der Heide, kochte Roggenbrei auf dem Petroleumkocher und holte Wasser an der »Flasche«, dem Heidetümpel. Man fühlt sich sehr an die Campingbewegung unserer Tage erinnert, und doch liegt zwischen beiden eine lange Geschichte menschlichen Irrens: die falsche Einschätzung des Geldes. Auch die Heidepflanzen sind stark und zäh, trocken und holzig; das Blatt ist fest, manchmal ledern, gerüstet für lange Zeiten des Nährstoffmangels. Sie werden beherrscht von Mars, der sie scharf macht und keimtötend, und von Saturn, der ihnen ein langes und nüchternes Leben schenkt. Sie alle sind gut gegen Entzündungen (Mars) und Rheuma (Saturn). Sie regen die Drüsen des Verdauungsapparates zu besserer Ausnutzung der Speisen an, stimulieren also auch die Bauchspeicheldrüse und heilen die Zuckerkrankheit. Die zusammenziehende Wirkung (Saturn) bringt Diarrhöe und anderen übermäßigen Fluß zum Abklingen; sie trocknet aus. Die Blüte von Heidekraut, Heidelbeere und ihrer Verwandten ist so unscheinbar: kein Luxus, nichts von Venus! Die Marskraft ist es gerade, die an den Venusorganen Nieren und Blase größte Wirkung zeigt; dort vernichtet sie Krankheitskeime.

Heidekraut (Calluna vulgaris)

Reich an dem etwas scharfen, aber kraftvollen Heidehonig. Der Tee aus der blühenden Pflanze wirkt antiseptisch, blutreinigend, wassertreibend, adstringierend und beruhigend und unterstützt die Heilung rheumatischer und entzündlicher Prozesse der Harnwege. Im Französischen heißt es bruyère, im Englischen heather.

Glockenheide (Erica tetralix)

Wächst auf feuchtem Grund und besitzt relativ große Blüten, rosa Kügelchen oder Glocken. Der Tee daraus wirkt bei Schnupfen kühlend.

Heidelbeere (Vaccinium myrtillus)

Bedeckt als Zwergstrauch über weite Strecken den Boden von Kiefernwäldern. Kommt häufig in der Veluwe vor, wo die Beeren von Kindern zum Verkauf gesammelt werden; saftiger und größer werden sie jedoch in den Alpen. Der Preßsaft von den dunkelblauen Beeren heilt Diarrhöe und wird in Flaschen als arzneilicher Blaubeerensaft verkauft. Er überzieht die gereizten Schleimhäute mit einer Schicht seines schützenden blauen Farbstoffs und wirkt daher auch bei Mundentzündungen (häufig spülen). Der Tee aus den Blättern kann Diabetes heilen.

Besser als der Saft wirkt noch, die getrockneten Beeren abzukochen, was viel billiger ist als der Saft.

Preißel- oder Kronsbeere (Vaccinium vitis idaea)

Der »Weinstock vom Berge Ida«, so die lateinische Bezeichnung, wächst vor allem im Bergland und ist sehr stark antiseptisch. Man legt z. B. feingemachte frische Preißelbeeren auf Krebsgeschwüre, wo sie das Übel herausziehen. Aus Blatt und Blüte bereitet man einen Rheumatee. Man bekommt Preißelbeeren auch in der Dose als Beilage zu Fleischgerichten, bei denen sie die Unreinheiten entfernen. Der Geschmack ist säuerlich und etwas scharf.

Moosbeere (Vaccinium oxycoccus)

Wächst mit ihrer hellroten Blüte und roten Beeren auf Moorböden. Wirkt bei Schnupfen kühlend.

Großfrüchtige Moosbeere (Vaccinium macrocarpon)

Wächst auf Texel, Vlieland und Terschelling und wird dort auch im Erwerbsbau gezogen. Die großen roten Beeren werden ebenfalls zu Fleischgerichten gegessen. Getrocknet können sie lange als vitaminreiche Winternahrung aufbewahrt werden. In den skandinavischen Ländern ist man seit jeher in den langen, gemüselosen Wintern auf diese Beerensorten angewiesen.

Moorbeere, Rauschbeere (Vaccinium uliginosum)

Diese Beere ist wegen ihrer narkotisierenden Wirkung nicht zum Verzehr geeignet. Sie kann jedoch zur Heilung bestimmter Entzündungen eingesetzt werden (Blasen-, Magenentzündung, Darmkatarrh).

Bärentraube (Arcostaphylus uva ursi)

Ist reich an Vitamin C und wirkt am stärksten antiseptisch von allen Heidekrautgewächsen. Aus den Blättern bereitet man einen Tee (45 g auf 300 cl Wasser), von dem man bei Blasenentzündung, Diabetes und anderen Störungen der Bauchspeicheldrüse, bei Weißfluß, eitriger Nierenentzündung und unfreiwilligem Wasserlassen (Inkontinenz) fünfmal täglich einen Löffel voll einnimmt. Bei uns findet man die Pflanze seltener; ihre eigentliche Heimat sind die Berge oberhalb der Baumgrenze im hohen Norden. Es ist eine gehärtete Pflanze, die stark und nachhaltig wirkt.

Zu den Heidekrautgewächsen gehören auch Stauden, die wir bei uns nur als Ziersträucher kennen, die Azalee und der Rhododendron (die ledrigen Blätter von Saturn!), der mit der Alpenrose verwandt ist. Sie wachsen alle auf saturnalem, d.h. armem, saurem Boden, auch in schattiger Lage. In den Parks alter Landsitze bilden sie im Mai mit ihrer Blütenpracht herrliche Teppiche in Lila, Rot, Weiß und Rosa. Aus der sibirischen Gelben Alpenrose wird eine homöopathische Arznei hergestellt, Rhododendron chrysanthemum D2. Sie wird gegeben bei Rheuma und Arthritis sowie bei Hoden- und Prostataentzündung.

Lorbeerrose (Kalmia latifolia)

Ein Zierstrauch mit roten, napfförmigen Blüten. Aus dem Blatt wird eine homöopathische Arznei (D 2 oder D 4) hergestellt, die bei Rheuma, Arthritis und Erkrankungen des Herzmuskels angewandt wird, außerdem bei Gesichtsschmerz und anderen Neuralgien, bei Herzklappenfehlern und Herzkrämpfen. Die frischen Blätter sind giftig.

Sumpf-Porst (Ledum palustre)

Wächst in den Ostseeländern. Eine Pflanze von starker Wirkung, deren Ausdünstung Insekten und Rinder betäuben kann. Sie wächst am Sumpf und wirkt daher auch auf feuchtigkeitsbedingtes Rheuma und Wassersucht, insbesondere auf Gelenkrheuma, und auf Harnsäureansammlungen (Gichtknoten, Fersen- und Fußsohlenschmerz). Verordnet wird D 2 oder eine höhere Potenz.

Diese Pflanzenfamilie paßt also zu Menschen mit saturnalischer, psorischer Konstitution, die Harnsäure ansammeln. Sie werden durch Heidekrautgewächse kräftig gereinigt. Lediglich die Heidelbeere, die sogar einen Säureüberschuß vermittelt, darf nur als Drüsenstimulans, als zusammenziehendes und schleimhautschützendes Mittel verwendet werden.

Gänse-Fingerkraut

Das Gänse-Fingerkraut (Potentilla anserina) ist eine bescheidene Pflanze, die ihre Ausläufer über den Boden aussendet. Es hat fünfblättrige gelbe Blüten, die einzeln an einem Stengel sitzen und an diejenigen der nahen Verwandten Fünf-Fingerkraut (Potentilla reptans) und Tormentill (Potentilla erecta) erinnern. Im Gegensatz zu letzteren hat jedoch das Gänse-Fingerkraut fiederspreitige Blätter, die an der Unterseite silbergrau behaart sind und einen gesägten Rand haben. Die unpaarigen Blättchen weisen an der Unterseite manchmal einen winzigen Blattansatz auf. Die ganze Pflanze ist zart behaart. Die Gattung Potentilla gehört zu den Rosengewächsen und zeichnet sich durch eine zusammenziehende, blutstillende Wirkung aus (gegen Diarrhöe, Blutungen und Weißfluß).

Das Gänse-Fingerkraut enthält u. a. Gerbstoffe, Bitterstoffe und eine paraffinähnliche Substanz. Es ist ein ausgezeichnetes Spasmolytikum, das die plötzlichen Krämpfe von Uranus löst, insbesondere der Gebärmutter und der unteren Magenöffnung, des Pförtners (Krebs-Organe, Uranus im Krebs!). Gänse-Fingerkraut hilft bei Gebärmutterkrämpfen und verzögerter Regelblutung (Dysmenorrhoe), bei Entzündungen der Magenschleimhaut (Gastritis) und des Zwölffingerdarms oder Geschwüren in diesem Bereich; bei Magenübersäuerung (Uranus-Mond) und verschiedenen Magenstörungen bei Menschen mit labilem Mond (vegetatives Nervensystem) sowie bei chronischen Darmleiden. Gute Dienste leistet es auch bei Wadenkrämpfen (Wassermann). Bei Zahnschmerzen kann man auf der frischen Wurzel kauen.

Das ganze frische oder getrocknete Kraut kann man fünf Minuten in heißer Milch ausziehen. Diese Milch trinkt man bei Magen- und Darmkrämpfen. Tee von den Blättern trinkt man gegen Diarrhöe, Blutungen, Steine, Nieren- und Blasenentzündung, Gelbsucht und Wassersucht, Arthritis, Skorbut, innere Verletzungen und Schmerzen.

Homöopatisch wird die Urtinktur verwendet, Potentilla anserina; in der Regel werden dreimal täglich fünf Tropfen in Wasser gegeben.

Der Name der Pflanze geht darauf zurück, daß man sie früher an junge Gänse verfütterte.

Efeu-Gundermann

Der Efeu-Gundermann (Glechoma hederacea) ist ein hübscher Lippenblütler, der sich kriechend in Ihrem Garten ausbreitet und immer wieder neue Wurzeln schlägt. Die wenigen Blütenstengel mit den violetten Blüten sitzen als Scheinquirle in den Achseln der gekerbten, herzförmigen Blätter. Er sucht diejenigen auf, die eine lymphatische, skrofulöse Konstitution haben und häufig durch Übermüdung geschwollene Lymphdrüsen. Er entfernt Schleim aus den Atemwegen und Wasser aus den Nieren. Er enthält Gerbstoffe, die die allzu nassen Schleimhäute zusammenziehen und kräftigen, so daß sie gegen Reize und Bakterien unempfindlicher werden. Daher wird er gegen Darmverschleimung und Diarrhöe sowie bei chronischem Katarrh der Atemwege angewandt. Er fördert die Drüsensekretion und damit die Verdauungskräfte, stärkt Herz und Leber durch seine Bitterstoffe, reinigt die Haut und belebt das Gemüt durch sein Aroma.

Der Efeu-Gundermann enthält viel salpetersaures Kalium, das entzündungshemmend wirkt. Bei Zahnschmerzen spült man mit dem Tee daraus, den man anschließend schluckt; auch das Kauen der frischen Blätter hilft. Die Pflanze wächst häufig neben Brennesseln; wenn man sich an diesen gebrannt hat, braucht man nur ein Gundermannblättchen zu zerquetschen und auf die schmerzende Stelle zu legen, um den Schmerz zu lindern. Auch Wunden und Geschwüre kann man damit behandeln. Möglich ist auch die Anwendung von Umschlägen mit dem Tee oder dem frischen Saft oder der Gebrauch der Tinktur. Diese kann man sich selbst im Sommer für die kalte Jahreszeit herstellen: Frischen Saft mit der gleichen Menge Alkohol vermischen und zwei Wochen gut verschlossen in der Sonne stehen lassen. Durch ein Tuch abseihen und kühl aufbewahren. Für den innerlichen und äußerlichen Gebrauch mit etwas Wasser verdünnen. Der frische Saft mit Ziegenmilch ist ein Mittel gegen Lungen-Tbc. Tee und Saft gibt man bei Asthma, Bronchitis und Bluthusten. Den Sommer über immer etwas frisches Kraut in den Salat oder die Suppe schneiden.

Efeu-Gundermann ist reich an Vitamin C, Gerbstoffen, Harz, Wachs, Zucker, Ölen, Salzen und Säuren. Ein gutes Tonikum für das Blut!

Etwas kräftiger Gundermann-Tee in das Badewasser wirkt gut bei Ischias, Blasen- und Nierensteinen. Tee zum Trinken: 100 g auf ½ l kochendes Wasser.

Früher wurde der Efeu-Gundermann als heilige Pflanze Thors oder Donars (Jupiter) verehrt; die alten Germanen trugen Gundermann-Kränze auf dem Haupt, wenn sie bei Feiern in den Sommernächten durch das betaute Gras schritten.

Efeu-Gundermann kann man fast das ganze Jahr sammeln, und frisch ist seine Wirkung am größten (Vitamin C!). Anstreicher und Drucker, die ständig von Bleivergiftung bedroht sind, aber auch Menschen, die viel Zeit in autoabgasverseuchter Luft zubringen müssen, sollten täglich etwas frischen Gundermann essen, damit das Blei durch die Nieren ausgeschieden wird.

Früher wurde der frische Saft auch bei Ohrensausen in die Ohren geträufelt. Aufgeschnupft kann er von Kopfschmerz befreien. Kalter Tee aus Gundermann ist bitter und appetitanregend.

Nachfolgend eine Auflistung aller guten Wirkungen des Efeu-Gundermanns, vor allem als Frischsaft oder Tee von der frischen Pflanze:

Efeu-Gundermann entsäuert; er löst Weinstein, Zahnstein und Kesselstein auf, klärt das Bier (wurde früher hierfür verwendet, bis man zum Hopfen überging), reinigt Atemwege, Leber und Nieren und heilt alle Vereiterungen in diesen Organen; heilt alle Leiden der Atemwege: chronischen Husten, Lungenemphysem, Lungenblutungen, Lungenschwindsucht (zusammen mit Brombeerblatt und Eisenkraut); hilft bei Eingeweidestörungen wie Koliken und Gelbsucht (hier zusammen mit Wermut) und bei allen Geschwüren, Vereiterungen und Tumoren in diesem Bereich; Geschwulste, auch der Kropf, heilen durch Gundermann und Schafgarbe ab, die als Tee und als Kompresse angewandt werden. Nierensteine werden aufgelöst, und Zahnschmerzen werden durch Mundspülungen mit einem Tee aus Gundermann und Wurmfarn gelindert. Ein mit Gundermanntee getränkter Wattebausch im Ohr stillt Ohrenschmerzen.

Gönnen Sie der Pflanze in Dankbarkeit ihren Platz!

Frauenmantel

Der Frauenmantel (Alchemilla vulgaris) aus der Familie der Rosengewächse ist eine ganz besondere Pflanze, die in Blattstellung und Blattform etwas ausgeprägt Schützendes aufweist. Dieses Blatt, das wie eine Mantille geformt ist, ein Schulterumhang mit sieben Spitzen, in den die Nerven wie Falten eingebettet sind, trägt in der Frühe in der Mitte einen Tautropfen, den es wie ein Schälchen aufgefangen hat. Dieser Tautropfen wurde früher von den Alchimisten auf Glasplatten zur Verwendung in alchimistischen Prozessen gesammelt. Daher auch der Name Alchemilla.

Wo der Stengel sich verzweigt, umschließt das Blatt sorgsam den Verzweigungspunkt, während der Blattstiel selbst wiederum mit einer Scheide den Stengel umschließt. Alles an dieser Pflanze drückt Umhüllung, Bewahrung, Schutz aus. Sie hat ganz und gar das Wesen einer Gebärmutter. Nach der Signaturenlehre müßte sie dann auch für diese besonders wirksam sein, und dem ist in der Tat so: Durch ihre zusammenziehende Kraft eignet sie sich hervorragend als Tee für Wöchnerinnen, den diese bis zum zehnten Tag nach der Geburt täglich trinken sollten. Er bewirkt die Rückbildung der Gebärmutter auf die ursprüngliche Größe. Über diese zusammenziehende Kraft verfügen alle Rosengewächse, die uns daher Selbstbeherrschung, Keuschheit und Würde geben. Alchemilla ist als Heilkraut ein großes Tonikum, das innere Wunden und Geschwüre heilt, Brüche zusammenwachsen läßt und die Muskeln kräftigt. Kompressen mit dem Tee legt man auf die Brüche und auf einen erkrankten Mastdarm. Kinder mit Brüchen läßt man eine Abkochung des frischen Krauts trinken, die noch mit der pulverisierten getrockneten Pflanze verstärkt wird. Frauen sollen fruchtbar werden, wenn sie drei Wochen lang täglich einen Eßlöffel des Pulvers mit der Suppe zu sich nehmen. Schwächebedingter Ausfluß wird durch Alchemilla ebenfalls zum Abklingen gebracht.

Der Frauenmantel blüht mit zarten grüngelben Blüten in endständiger Rispe. Das Grüngelb ist die Farbe des Sternzeichens Krebs, in das die Sonne eintritt, wenn die Frauenmantel-Blüten sich gerade entfaltet haben. Es ist die Zeit zwischen dem 21. Juni und dem 21. Juli, die Mittsommerzeit. Alle Krebsgeborenen sollten diese Pflanze in ihrem Garten haben und Blatt und Blüte in einem gemischten Tee ausziehen, wenn es erforderlich wird.

Der Frauenmantel wirkt aufgrund seines Gehalts an Bitterstoffen und Salicylsäure reinigend und entsäuernd, regt die Nieren zur Entwässerung an, kühlt und erweicht, stillt Blutungen, heilt Wunden und stärkt den Magen.

Nach der Form des Blattes wird er auch Löwenklaue genannt; er blüht auch noch, wenn die Sonne im Zeichen des Löwen steht, vom 21. Juli bis 21. August.

Ringelblume

Die Ringelblume (Calendula officinalis) ziert mit ihren fröhlichen orangefarbenen Blüten vor allem Bauerngärten und wächst verwildert auf Schutt- und Abfallhaufen. Es ist eine Pflanze von Leben und Tod und vom Streit zwischen beiden. Im Garten ausgesät, schießt sie durch die üppige Mondkraft rasch auf. Eine Neigung zum Festhalten zeigt sich am Blatt, das den Stengel ein ganzes Stück begleitet, wie eine Mutter ihr Kind festhält. Die Mondkraft wird durch Sonnenkraft im Gleichgewicht gehalten, denn die Blüte ist ganz Sonne, Mittelpunkt mit Strahlung, ein echter Korbblütler. Die Scheibenblüten bilden keinen Samen, nur die Randblüten. Die orange Farbe, die zu Jupiter gehört, weist auf Heilkraft hin (officinalis).

Die Salbe aus der Ringelblume (Calendula-Salbe) wird weniger für die kleinen Alltagsverletzungen verwendet – hierfür eignet sich Arnika besser –, sondern vor allem für schlimme Wunden, die entzündet und vereitert sind, für offene Krebsgeschwüre und -wunden, die bereits stinken. Die Ringelblume riecht selbst unangenehm. Mit ihrer Mondkraft schafft sie die neuen Zellen, die die entarteten und abgestorbenen Zellen ersetzen müssen. Mit ihrer Sonnenkraft gibt sie den Plan für den Neuaufbau an, das Muster, nach dem nun bessere, d. h. gesunde Zellen gebaut werden sollen.

Daneben hat die Ringelblume reinigende Wirkung, z. B. als Mundwasser (Tee aus den Blütenblättern), und hilft Eiter und Entzündungsprodukte entfernen. Die Entzündung selbst ist Läuterungsfeuer, vom Ich entfacht. Das Ich will sagen: Wir wollen ein neues Leben beginnen; das alte Leid und das verdorbene Muster in der Seele wird aus dem Unterbewußtsein entfernt – fort mit den negativen Gedanken!

Der Tee aus den Blütenblättern (frisch oder getrocknet) hat eine sehr gute Heilwirkung. Die richtige Diät und die Seelenreinigung müssen natürlich dazukommen. Krebs entsteht aus Schöpfungskraft, die sich nicht äußern darf, nicht in Leben, Lieben und künstlerischer Betätigung eingesetzt wird und daher nach innen zurückschlägt, wo sie wahllos stoffliche Formen aufbaut.

Wenn die Geschwüre Gift enthalten, dann gibt es auch in der Seele Giftherde, die aus unverarbeitetem altem Kummer herrühren. Dann ist verhältnismäßig zuviel Mond und zuwenig Sonne in diesem Menschen. Das Sonnen-Ich muß gestärkt werden, damit es eingreift und all die vergangenen Mondattacken und -verletzungen verarbeitet, begreift und beseitigt. Das Seelenhaus muß reingemacht werden, die Fenster müssen aufgestoßen werden, damit das Licht der Wahrheit hereinfluten kann. Dabei hilft diese Blume von Sonne und Mond.

Die größte Heilkraft hat die kleine wilde Ringelblumenart, wie sie in den französischen Weinbergen wächst.

Die allgemeinen Heilwirkungen der Pflanze bestehen in einer Kräftigung von Herz und Leber, der Anregung der Nieren (gut gegen Wassersucht) und der Entgiftung, u. a. auf transpiratorischem Wege.

In Frankreich zieht man die Blütenköpfe in Essig aus und ißt sie sauer wie Kapern. Auch mischt man z. B. 30 g Blütenpreßsaft mit 3 g pulverisierten Regenwürmern und nimmt dies gegen Gelbsucht auf nüchternen Magen ein!

Auf Hühneraugen und Drüsenschwellungen legt man Kompressen mit den in Wasser oder Weißwein ausgezogenen Blütenblättern. Der mit einem milden Essig verdünnte Frischsaft ist gut als Gurgelmittel oder als Auflage bei Zahnschmerzen. Man kann auch eine Handvoll Blütenblätter in einem Liter kaltem Wasser aufsetzen, eine Dreiviertelstunde abkochen, abseihen und leicht ausdrücken. Davon alle halbe Stunde einige Schlucke trinken.

Ringelblumentee aus den frischen Blättern und Blütenblättern reinigt und beruhigt und heilt Entzündungen, Wunden und Geschwüre, vor allem im Bereich der Eingeweide. Man nimmt ihn bei Übelkeit, Darmverstopfungen, nervöser Schwäche und Nervenschocks. Er fördert auch das Einsetzen der Menstruation. Besonders gut ist die Ringelblume für den skrofulösen Typus.

Zwiebel

Die Zwiebel, Allium cepa, ist eine Lauchart, verwandt mit Knoblauch, Bärenlauch, Schnittlauch usw., alles Zwiebelgewächse, die am Ende eines langen Blütenstengels ein kugeliges Blütenköpfchen bilden. Die ursprüngliche Heimat der Laucharten ist der Nahe Osten, Persien, Chaldäa und Ägypten, wo sie alten Inschriften zufolge die tägliche Nahrung der Sklaven bildeten, die die Cheopspyramiden bauen mußten. Zwiebeln wurden den Göttern geopfert, und man hat Mumien gefunden, die eine Zwiebel in der Hand hielten.

Die alten Griechen gebrauchten die Zwiebel zusammen mit Honig als Heilmittel gegen Krämpfe, Gelenkschmerzen und Krebsgeschwüre. Die alten Römer dagegen schätzten Zwiebel und Lauch mehr als wohlschmeckendes Gemüse und als Aphrodisiakum.

Überall dort, wo reichlich gegessen wird, ob Hochzeits- oder Leichenschmaus, finden wir die Zwiebel als unverzichtbaren Bestandteil der Mahlzeit, z. B. zusammen mit Ingwer als Füllung bei vielen der etwa 200 Gerichte, die bei einem chinesischen Festmahl gereicht werden.

Der scharfe Geschmack der rohen Zwiebel und anderer Laucharten rührt von dem hohen Gehalt an Schwefel her, der Krankheitskeime tötet und im Darm Gärung und Fäulnis verhindert. Wer täglich Zwiebeln ißt, bleibt gesund, wo andere sich mit epidemischen Krankheiten anstecken. Dies zeigte sich u. a. in den Gefangenenlagern während des Krieges, wo die jüdischen Insassen, die sich immer Zwiebeln zu beschaffen wußten, viel weniger ansteckungsgefährdet waren als andere. Schwefel wirkt außerdem wurmtreibend: Man esse eine rohe Zwiebel auf nüchternen Magen oder ziehe eine feingeschnittene Zwiebel über Nacht in Wasser aus und trinke den Extrakt vor dem Frühstück.

Eine durchgeschnittene Zwiebel, die man auf einem Schälchen neben das Bett eines Kranken legt und ab und zu erneuert, hält die Luft rein und schützt die Besucher.

Bei Migräne, Ohrensausen und rheumatischen Ohrenschmerzen legt man eine halbierte Zwiebel oder einen mit Zwiebelpreßsaft getränkten Wattebausch hinter das Ohr. Erkältungen und alle Erkrankungen des Kehlkopfbereichs können durch den

Genuß der rohen Zwiebel oder durch Zwiebelsirup geheilt werden. Letzteren bereitet man aus einem Pfund roher, gehackter Zwiebeln, die man mit 80 g Honig, 400 g braunem Zucker und 1 l Wasser langsam (3 Stunden) eindickt. Anschließend durch ein Sieb geben und alle zwei Stunden hiervon einen Löffel voll einnehmen, am besten lauwarm.

Die Zwiebel sendet mitogene Strahlen aus, die bei lebenden Substanzen das Wachstum anregen. Deshalb ist die Zwiebel u. a. das beste Mittel gegen Haarausfall und sogar völlige Kahlheit. Man reibt dazu die Kopfhaut mit der saftigen Schnittfläche einer halbierten Zwiebel ein und setzt sich anschließend möglichst ein Weilchen in die Sonne. Diese Behandlung täglich durchführen, bis sich die gewünschte Wirkung einstellt.

Was ist nun das Besondere an der Zwiebel, warum soll sie hier besprochen werden? Die Zwiebel ist eine zweijährige Pflanze. In ihrem ersten Lebensjahr, in dem der Samen keimt, bildet sich allmählich die Zwiebel. Diese besteht aus saftigen Schalen, in denen die Nahrungsvorräte für die spätere Pflanze gespeichert werden. Außer Schwefel, der den scharfen Geschmack bewirkt, enthält die Zwiebel viel Phosphor, der sie zum optimalen Nahrungsmittel für Kopfarbeiter macht (Phosphor nährt das Gehirn), sowie reichlich Zucker, Inulin, Eiweiß, Vitamin B_1 und C und viele Mineralsalze. Wenn die ausgewachsene Zwiebel vom Menschen geerntet wird, kann sie sich natürlich nicht weiterentwikkeln. Wenn man ihr dagegen den natürlichen Lauf läßt, sprießt im folgenden Jahr ein langer, hohler Stengel empor, an dessen Ende sich eine Kugel aus feinen Blütenstielen entwickelt, die schließlich ein weißes oder rosa Blütchen tragen. Es ist, als ob sich der Zwiebelkörper von unten nach oben verlagert hätte. Tatsächlich werden nunmehr die Nahrungsvorräte aufgezehrt, und vom unterirdischen Teil der Pflanze bleiben nur leere Häute übrig.

Dieser Gang der Dinge liefert uns ein Abbild der Sublimation von Lebenskräften zu Bewußtseinskräften beim Menschen: vom Weg des Menschen zwischen dem, was er ursprünglich war, und dem, was er seiner Bestimmung nach wieder werden soll. Die Geschlechtsorgane des Menschen dienen nicht nur der Fortpflanzung; zunächst ist dies sogar keineswegs ihre Aufgabe. Sie sind die ersten Umsetzer der irdischen Lebenskraft, die in den Menschen einströmt. Aus dieser bereiten sie die ätherische Energie als Nahrung für die Seele, damit der Mensch diese auf allen Gebieten entfalten und gebrauchen kann. Weil die Seele nach Weiterentwicklung hungert, saugt sie die Kräfte selbst nach oben. Dann verfeinern sich die Lebenssäfte aus den Keimdrüsen durch viele Stadien hindurch und werden zu Kräften (so wie eine homöopathisch verdünnte Heilsubstanz sich durch Verreiben in Heilkraft verwandelt). Bei der Frau geschieht dies bereits zwangsläufig durch die Bildung des Gelbkörpers, der das Nervensystem mit Lecithin versorgt. Beim Mann bekommt die sich entwickelnde Samenzelle dreimal die Möglichkeit, sich zu verfeinern, statt durch sexuellen Kontakt ausgestoßen zu werden.

Der Mensch, der die Zwiebel ißt und dadurch Phosphor aufnimmt und für sein Denken gebraucht, folgt damit eigentlich der natürlichen Entwicklung dieser Pflanze. Die Zwiebel hilft uns sublimieren, gibt uns die Auftriebskraft vom Stoff zum Geist.

Es ist daher in jeder Hinsicht vernünftig, zu jeder Mahlzeit etwas Zwiebel zu essen, und zwar entweder roh und gehackt zum Salat, oder goldgelb gedünstet und mitgekocht im Getreidegericht (Risotto mit Reis, Hirsotto mit Hirse) oder zu dem Gemüse, das man nicht roh ißt, sondern in Öl gart. Dabei wird zuerst die gehackte Zwiebel auf dem mit Öl bedeckten Topfboden angedünstet, dann das vorbereitete Gemüse zugefügt und der Topf gut verschlossen. Auf diese Art bleiben fast alle Vitamine und die anderen wertvollen Stoffe im Gemüse erhalten. Salz braucht man dann nicht, und das Gericht wird besonders wohlschmeckend und sämig. Eine Schnitte Roggenbrot mit Butter und einer Scheibe roher Zwiebel ist ein gesundes Frühstück, das zu großen Leistungen befähigt.

In der Homöopathie wird die Zwiebel unter dem Namen Cepa als Arznei gegen die in diesem Kapitel genannten Leiden verwendet.

Weinraute

Die Weinraute (Ruta graveolens; Rue; Herb of Grace; Fam. Rutaceae) ist eine eigenartige Pflanze, die so viel Heilkraft besitzt, daß sie früher in keinem Küchengarten fehlte. Schon äußerlich fällt sie dadurch auf, daß sie vierzählige Blüten hat, an der Spitze jedoch eine fünfzählige. Diese Kombination von vier und fünf weist auf die Materie (vier) hin, die vom Willen (fünf) beherrscht wird. Vielleicht hängt dies mit der englischen Bezeichnung Herb of Grace (»Gnadenkraut«) und mit einer ihrer zahlreichen heilkräftigen Wirkungen zusammen, der Beschleunigung der Geburt, der Austreibungsphase des Kindes. Letzteres war der erste Grund, warum man sie im Garten anbaute. Der zweite war, daß man sie ins Badewasser von Kindern gab, die an Krämpfen litten.

Wo zuwenig Willenskraft ist, kann die Raute den Willen stärken – den Willen, zu gebären, den Willen, der sich gegen übermächtige Eindrücke zur Wehr setzen muß, wie es z. B. beim Stupor der Fall ist, dem Zustand des Schreckens, bei dem man wie gelähmt ist. Wenn es jemand »einfach nicht mehr aushält«, wenn man sich physisch und psychisch erschlagen fühlt, wenn man sich ruhelos im Bett wälzt und überall Schmerzen hat, wie man auch liegt, dann gibt man Weinraute. Sie besiegt dieses Lähmungsgefühl, das in den Gliedmaßen und in den Gelenken auftritt, vor allem im Handgelenk.

Früher pflegte man die Weinraute in Wein auszuziehen; daher ihr Name. In Südfrankreich gibt es noch Landwein in Literflaschen zu kaufen, in denen sich ein Zweiglein Weinraute befindet. Dadurch verliert der Wein die Wirkung, daß sich der Körper, d. h. die Materie, über den Willen erhebt; er macht dann nicht mehr betrunken: Salvia cum ruta faciunt pocula tuta. Das heißt: Salbei und Raute in Wein ausgezogen, machen ihn unschädlich. Die Raute verstärkt das Bewußtsein, den oberen Pol.

Wenn der Wille die Materie nicht mehr unter Kontrolle hält, entstehen Ausstülpungen. Die Weinraute ist daher auch eines der besten Mittel gegen Darmausstülpungen. Man gibt sie auch bei Schwäche der Beinmuskulatur und -gelenke, aufgrund der man stolpert und nicht mehr auf eigenen Beinen stehen kann.

Weiterhin ist die Raute ein ausgezeichnetes Mittel bei geistiger Überlastung und vor Übermüdung brennenden Augen. Wer zu seiner täglichen Teemischung Weinraute gibt, wird feststellen, daß er viel besser sieht.

Allgemein nimmt man daher Weinraute bei Willensschwäche, seelischer und körperlicher Abgespanntheit, Übermüdung der Augen, Blutandrang und Schwindelanfällen, Herzklopfen, Hämorrhoiden, Vorfällen und bei Rheuma in Händen und Füßen. Insbesondere stärkt es die Knochenhaut.

Homöopathisch wird sie als Ruta D 1 oder in höherer Potenz gegeben. Bei steifen Gelenken kommt z. B. Ruta D30 zur Anwendung.

In der Volksheilkunde wird die Weinraute gegen alle Arten von Gift verwendet, außerdem gegen Würmer. Sie stärkt das Ich gegen alle Angriffe.

Efeu

Gott schuf den Menschen nach seinem Ebenbild, dem Urmuster der Schöpfung. Dies gilt auch für die Erde und alle Pflanzen. Alle weisen sie die gleiche Struktur auf: Zweipoligkeit mit einem Kraftkreislauf, der die beiden Pole verbindet und zwischen beiden eine Wechselwirkung unterhält. Die nördliche Halbkugel der Erde entspricht dem oberen Pol des Menschen, dem Denk- oder Bewußtseinspol im Kopf. Bei der Pflanze ist dies die Wurzel. Die südliche Halbkugel der Erde entspricht dem Lebenspol, der beim Menschen seinen Sitz in den Geschlechtsorganen hat. Bei der Pflanze ist dies die Blüte. Diese zweipolige Struktur tritt auch in jedem Land als Sprachraum und in jedem Volk auf. In den Niederlanden ist der Friese dem Denkpol und der Brabanter dem Lebenspol zuzuordnen. In Belgien und Deutschland zeigt sich der gleiche Unterschied zwischen den Bewohnern und der Landschaft des Nordens und des Südens (Bayer und Preuße!). So ist es auch in allen anderen Ländern, denn ein Volk in seinem Land ist auch ein lebender Organismus.

Es gibt aber auch Ortsveränderungen von einem Pol zum anderen. Der Mensch kann z. B. Pflanzensamen von der einen Hemisphäre in die andere bringen und dort die Pflanze in dem ihr fremden Gebiet aussäen. Was geschieht dann? Genau das gleiche wie beim Menschen: Der eine Typus paßt sich den neuen Gegebenheiten vollständig an, weil bei ihm der Boden (die Lage im Raum) stärkeres Gewicht hat als das Blut (Erbanlagen, Abstammung, Tradition, die Lage in der Zeit). Der andere Typus kann sich nicht anpassen, wie die Auswanderer, die weiter ihre Muttersprache sprechen und ihre Kinder in den Traditionen der Heimat erziehen. Bei ihnen hat die Zeit ein stärkeres Gewicht als der Raum.

Bei Pflanzen ist die gleiche Erscheinung zu beobachten. Es gibt welche, die sich allmählich anpassen und ihren Lebensrhythmus nach dem neuen Klima ausrichten. Andere halten hartnäkkig an ihrem alten Rhythmus fest. Das sind die Pflanzen, die z. B. bei uns im Winter blühen, weil sie es von jeher so gewöhnt sind, wie etwa Winterjasmin und Hamamelis. Sie blühen im Sommer ihrer alten Heimat und lassen sich nicht davon beirren, daß es hier dann Winter ist.

Bemerkenswert ist in diesem Zusammenhang das Verhalten des Efeus, vor allem im Hinblick auf seine medizinischen Anwendungen.

Der Efeu (Hedera helix), der sich um Bäume rankt und häßliche Mauern und Schuppen mit einem dichten Kleid aus immergrünem Laub überzieht, zeigt seine gelbgrünen Blüten erst im November. Er hält an seiner alten Blütezeit fest, dem Sommer auf der südlichen Hemisphäre, denn er erinnert sich an sein Heimatland: Lemuria. Wie andere Pflanzen aus der Familie der Araliengewächse ist er ursprünglich an der Südspitze Südamerikas und in Australien beheimatet. Dort wächst er allerdings als aufrechter Baum und trägt lanzettliche Blätter, die er hier nur an den Blütenzweigen aufweist. Dieses Blatt hat die Form, die zum Mond gehört und zum Lebenspol, dessen Leiden es heilt. So wirkt es u. a. auf die Milz und auf Hühneraugen. Auf seiner Wanderung nach Norden änderte der Efeu die Form seines Blattes in das Fünfeck, das zum bewußten Willen und zum Denkpol des Menschen (wie auch der Erde) gehört, und dieses Blatt wiederum heilt Leiden des Kopfes, von Mund, Ohr, Auge und Stirn (Sinusitis). Dabei änderte sich seine äußere Gestalt von kraftvoll in kriechend und schlaff, da ihm die Lebenskraft fehlt.

Weil diese fünfeckige Form dem Denkpol dient und der Selbstbeherrschung (Saturn), schützt sie auch vor Trunkenheit. Dionysos bekränzte sich mit Weinlaub und Efeu, und bei manchen altenglischen Kneipen hängt draußen noch der Efeu. Er gibt Willensstärke und Ausdauer, d.h. Beharrlichkeit. Die ganze Pflanze wirkt zusammenziehend, keimtötend, wurmtreibend, gefäßverengend (bildet den Ausgleich zum gefäßerweiternden Wein!), schweißtreibend und menstruationsfördernd. Die feingestampften, mit Essig und Rosenwasser vermischten eiförmigen Blätter werden auf Schläfen und Stirn gelegt, um Erregung und Wut zu dämpfen.

Der mit Öl vermischte Preßsaft der fünfeckigen Blätter befreit von Ohrenschmerzen. Mit dem gleichen Saft kann man auch das Haar schwarz färben. Der Blütenauszug hilft gegen Ruhr. Aus den frischen gehackten Blättern stellt man Kompressen für Ischias her. Der klebrige Saft aus einem alten Stamm läßt unerwünschte Haare ausfallen. Auf Brandwunden legt man gekochte Blätter, darüber eine Kompresse mit der Kochflüssigkeit. Sogar die Pest wurde mit Efeu bekämpft: Man gab dem Patienten dreißig getrocknete und pulverisierte Beeren in einem Glas Weißwein zu trinken, woraufhin sich ein starker Schweißausbruch einstellte.

Das Blatt wird in Wasser als Augenlotion für Mensch und Tier ausgezogen. Gequetscht und zwei Tage in salzigen Essig gelegt wird es auf ein Hühnerauge gebunden, das man dann bald herausziehen kann. Den Tee aus den fünfeckigen Blättern trinkt man bei Schleimhautkatarrh, Gelbsucht und Wassersucht. Außerdem bereitet man Tinkturen und Tabletten aus Efeu. Glänzend gewordene Kammgarnhosen und -röcke bügelt man mit einem Bügeltuch, das man in Efeutee getränkt und ausgewrungen hat. Ein Efeublatt in der Wäsche läßt Tinten- und Obstflekken verschwinden. Die Beeren, die von Vögeln gerne gefressen werden, kann der Mensch nicht verwerten.

Ein Steckling von einem blühenden Zweig wächst zu einem kräftigen Baum heran, der die eiförmige Blattform beibehält. Diese Art braucht viel Sonne. Die nördliche, fünfeckige Art liebt eher den Schatten und ist voll und ganz saturnalisch: Mit ihrem lederartigen Blatt übersteht sie Düsternis und Winterkälte.

Eisenhut

Menschen und Pflanzen weisen häufig eine Übereinstimmung im Charakter auf. Zwei große Kräfte, die Zentrifugalkraft und ihr Gegenstück, die Zentripetalkraft, wirken im Menschen wie in der Pflanze. Wenn sie im Gleichgewicht sind, bemerkt man sie nicht. Wenn eine der beiden Kräfte deutlich überwiegt, entsteht ein bestimmter Typus. Ist es die Zentrifugalkraft, erhält man den extravertierten Typus; ist es die Zentripetalkraft, erhält man den introvertierten Typus.

Extravertierte Menschen und Pflanzen öffnen sich in die Umgebung, strahlen sich aus, drängen sich ihrer Umgebung auf und versuchen, diese zu beeindrucken, indem sie sich selbst ausdrücken. Unter den Menschen gehören hierzu u. a. vortragende Künstler, Geschäftsleute, Werbefachleute und Erzieher. Bei den Pflanzen findet man sie unter den weit geöffneten Arten: Sonnenblume, Ringelblume, Rose, Gänseblümchen, Gänsefingerkraut. Sie wirken fröhlich, lebenslustig, manchmal auch naiv.

Introvertierte Menschen und Tiere wenden sich von ihrer Umgebung ab, kehren sich nach innen, verarbeiten ihre Eindrücke in der Stille und wehren sich gegen allzu starke Beeinflussung von außen. Bei den Menschen gehören zu ihnen die Dichter und die Gelehrten, philosophierende Einsiedler und solche, die in der Einsamkeit meditieren. Bei den Pflanzen sind es diejenigen, deren Blüten durch Zusammenwachsen der Kronblätter eine geschlossene Form gebildet haben, z. B. eine Glocke, die zur Erde blickt, wie Glockenblume, Maiglöckchen und Fingerhut, oder eine zweilippige Form wie die Lippenblütler und die Löwenmaulartigen. Sie machen einen nachdenklichen und häufig melancholischen Eindruck. Auch introvertierte Menschen lassen häufig den Kopf hängen.

Solche Pflanzen muten ernsthaft an, manchmal auch weise. Die extravertierten sind häufig Sonnen- oder Mondblumen, die Introvertierten Saturnblumen. Die zweilippigen Blüten bilden eine Analogie zu dem gespaltenen Menschen, bei dem Denkpol und Lebenspol getrennt voneinander und in Konkurrenz zueinander leben. Sie verbergen einen geheimen, verdrängten Kummer, der niemanden etwas angeht. Sehen Sie sich einmal ein Löwenmäulchen, eine Taubnessel, einen Andorn an.

Die durchgebildeten Blüten von Akelei, Rittersporn und Eisenhut haben etwas Aristokratisches, eine saturnalische Selbstzucht, die in Jahrhunderten zur Vollendung gelangt ist. Sie haben alle Pflanzen-Möglichkeiten durchlaufen und stehen an der Grenze zum Tierreich.

Die dunkelblauen, helmförmigen Blüten des Eisenhuts (Aconitum napellus) muten fast neurotisch an; fixiert auf ihren Kummer, über den nicht gesprochen werden darf, starren sie düster vor sich hin, Gift aus den negativen Erfahrungen destillierend.

Diese Gifte (Alkaloide) sind Eiweiße, die in einen Stoff umgewandelt wurden, der als Träger von Gefühlen dienen kann. Damit reicht die Pflanze an das animalische, astrale, emotionelle Leben heran, was durch die Aufnahme sinnlicher Eindrücke ermöglicht wird.

Der Eisenhut erinnert an einen Mönch, der sich die Kappe über den Kopf gezogen hat, um sich gegen ein Zuviel an Eindrükken zu wehren, um erst alles zu verarbeiten, was er tief in sich aufgenommen hat.

Die Pflanze braucht Zeit (Saturn) und bildet daher im Herbst beim Absterben ihrer Gestalt eine zweite Wurzel, die anschwillt und all das noch Unverarbeitete in sich birgt, aus dem im nächsten Jahr die neue Gestalt hervorgehen soll.

Wenn man aus dieser Blüte ein Präparat herstellt, ähnelt dieses stark einem präparierten Trigeminus, dem dreiästigen Nerven, der sich beim Menschen vom Hals ausgehend über Gesicht und Schädel erstreckt. Nun gibt es introvertierte Menschen, die sich in einer an Eindrücken reichen Phase gerne in sich selbst zurückziehen würden, aber durch ein zu hektisches Leben nicht dazu kommen. Dann beginnt manchmal dieser Nerv zu schmerzen; es entsteht eine Trigeminus-Neuralgie, die sehr schmerzhaft ist.

Auch Nordostwind kann dieses Leiden zum Ausbruch bringen, in Analogie zu einer Spannung zwischen Mars (Arbeit) und Saturn (Zurückgezogenheit) in ihrem Horoskop. Der eisige Nordostwind ist von Saturn; der trockene und kalte Ostwind von Mars. Nachts, wenn Saturn regiert, ist der Schmerz am schlimmsten. Die anzuwendende Arznei ist das verdünnte Gift des Eisenhuts, das homöopathische Mittel Aconitum D3, ein vielgebrauchtes Antineuralgikum. Außerdem muß sich der Patient warmhalten und abseits der Menschen und neuer Eindrükke bleiben, denn das Seelenleben war zu stark beansprucht und hat deshalb auf den Körper übergegriffen. Das Astrale quälte das

Vegetative. Dies äußert sich auch in einer allgemein übersteigerten Sinnestätigkeit: jedes Geräusch stört, grelles Licht wird nicht vertragen, und an Nahrungsmitteln stellt man manchmal eigenartige Gerüche fest. Als Begleiterscheinungen treten manchmal Ischiasschmerz, Magen-Darm-Katarrh oder Bronchitis, Heiserkeit und trockener Schnupfen auf. Ruhe bringt alles wieder ins Lot. Wenn die Umgebung diese Ruhe nicht ermöglicht, reagiert man mit Reizbarkeit und Aggressivität. Ein Wutausbruch kann indes heilend wirken.

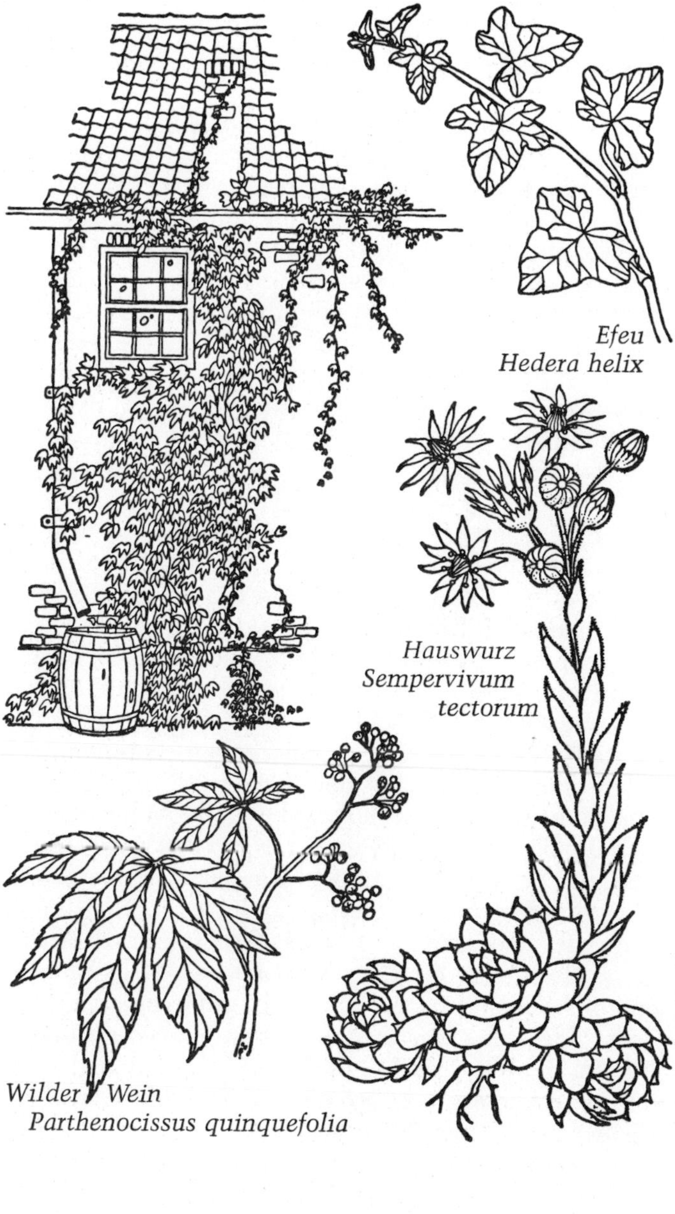
Efeu
Hedera helix
Hauswurz
Sempervivum
tectorum
Wilder Wein
Parthenocissus quinquefolia

Hauswurz

In meiner Kinderzeit, die ich in dem Bauernhof Laren im Gooi verbrachte, fiel mir dort immer auf den alten, bemoosten Reetdächern der Bauernhöfe eine Pflanze mit dicken, fleischigen Blättern auf; es schien mir unbegreiflich, wie sie auf so wenig Erde leben konnte. Man nannte sie Hauswurz oder Donnerkraut und hielt sie hoch in Ehren, weil sie angeblich vor Blitzschlag schützte. Karl der Große erließ ein Gebot, nach dem jeder Familienvater diese Pflanze auf dem Dach seines Hauses haben mußte. Sie ist Donar bzw. Jupiter geweiht und heißt im Französischen joubarde des toits, im Englischen Jupiter's Beard, im Italienischen barba di Giove. Der Lateinische Name ist Sempervivum tectorum, das ist »dasjenige, was immer auf dem Dach lebt.«

Die Pflanze speichert große Mengen Wasser und enthält Schleim, Kalk, Apfelsäure, Gerbsäure, Harz und Ameisensäure. Sie begnügt sich auch nicht damit, nur den Blitzstrahl abzuwehren, sondern ist als echte Jupiterpflanze in verschiedenster Weise heilkräftig: Sie wirkt kühlend und fiebersenkend, zusammenziehend, reinigend und umwandelnd, wassertreibend, blutstillend und krampflösend. Der frische Saft heilt manche Ekzeme, Warzen, Hautentzündungen und -verletzungen, Hühneraugen und Sommersprossen. Der Tee aus den Blättern hilft bei Halsentzündung, Bronchitis und Munderkrankungen. Außerdem hat der Saft noch die besondere Wirkung, daß er Überbeine und Hygrome beseitigt. Letztere entstehen an Knieen, Zehen oder Handgelenken, wenn infolge eines Schlages oder Aufpralls Gelenkflüssigkeit austritt und das Gelenk verknöchert (Saturn-Affliktion). Natürliche Heilmittel hierfür sind äußerlich das Auflegen eines frischen Beinwell-Blattes (Symphytum officinale), eines Heublumen-Umschlags oder eines zerstoßenen Hauswurz-Blattes. Innerlich kann Symphytum D2 oder homöopathische Benzoesäure genommen werden; letztere kann durch den Genuß reichlicher frischer Moorbeeren ersetzt werden.

Unlängst erlebte ich wieder ein Beispiel dafür, daß dasjenige, was wir brauchen, von der Vorsehung immer schon bereitgestellt ist: Ein Mädchen hatte schon geraume Zeit ein Überbein am Knie, gegen das verschiedene Arzneien erfolglos eingesetzt wurden und das die Eltern nicht operieren lassen wollten. In einem alten Buch entdeckte ich dann, daß der frische Saft der Hauswurz hierfür gut sei. Als ich es ihnen sagte, erzählte die Mutter: »Die Pflanze wuchs lange Zeit auf dem Dach unseres Schuppens; wir haben sie entfernt, weil es nicht schön aussah«. Nach langem Suchen in der Nachbarschaft bekamen sie eine neue Hauswurz, und seit sie nun das dicke Knie täglich mit dem Saft behandeln, fühlt man, wie in dem Überbein tiefe Gruben entstehen – der Körper baut die Verdickung ab!

Der psychosomatische Zusammenhang war folgender: Das Mädchen ist ein saturnalischer Typ, eine gute Schülerin, die viel Zeit und Kraft in ihre Schularbeiten investiert und damit ihren Lebenspol erschöpft, der zu kurz kommt. Mehr körperliche Tätigkeit, Spiel und Sport, Geselligkeit und eine stark aufbauende Diät sind u. a. als Therapie angezeigt, um ein Gegengewicht zu schaffen für die überwiegende Neigung zur Abstraktion, Austrocknung und Verhärtung. Was hat es für einen Zweck, wenn man die Folge eines Ungleichgewichtszustands, in diesem Fall das Überbein, durch Operation entfernt und die Ursache nicht beseitigt!

Die Signatur von Hauswurz und Aloe (bekannt als Zimmerpflanze, die größeren Sorten in Pflanzkübeln im Garten) ist folgende: das Speichern von Wasser in den dadurch fleischig aufgequollenen Blättern. Diese Pflanzen können daher auf trokkenem, hartem Untergrund wie einer Dachpfanne aus Schiefer oder Ziegel auch ohne Wasser endlos lange aushalten; sie zehren von ihrem Vorrat, der bei jedem Regen aufgefüllt wird. Sie wirtschaften damit ähnlich wie der Krebstyp unter den Menschen: immer reichlich Lebensmittelvorräte im Keller! Solche Menschen speichern das »Wasser« des seelischen Bereichs, das Gefühl, in einem riesigen Reservoir emotioneller Erinnerungen. Sie sind zu schüchtern, diese nach außen zu tragen, außer im Theaterspiel. Sie sind daher der Hauswurz, der Aloe und anderen sogenannten Fettpflanzen verwandt. Das aufgestaute Gefühl (das von der Umgebung nicht verstanden, akzeptiert oder geschätzt wird, weil diese Menschen, wenn sie einmal sentimental gescholten worden sind, ihre Gefühle lieber für sich behalten) kehrt sich zwangsläufig nach innen und läßt im Körper Geschwüre, Zysten u. ä. entstehen. Ihre Umgebung ist für ihre Seele zu unsicher und zu hart. Nicht selten haben sie es sich teilweise selbst zuzuschreiben, weil sie ihr Gefühl und das Verlangen nach einer Antwort verdrängen.

Aloe

Die Aloe ist eine bekannte Zimmerpflanze, die man im Blumengeschäft kaufen kann. Es gibt etwa 200 verschiedene Arten. Für die pharmazeutische Industrie gezüchtet wird die Aloe vera. Auf der Insel Bonaire in der Nähe von Curaçao gibt es ausgedehnte Aloe-Plantagen. Aus den abgeschnittenen Blättern der älteren Pflanzen gewinnt man einen Saft, das Alloin, den man eindickt und in fester Form verschickt. Dieser ist die Grundlage vieler Kosmetika, von Gesichtscremes, Shampoos, Salben für Schnitt- und Brandwunden usw. Er besitzt eine stark heilende Wirkung, da ja auch das eingeschnittene Blatt seine eigene Wunde sofort schließt. In Mexiko und seinen Nachbarländern hat jede Familie mindestens eine Aloepflanze beim Haus, um gegebenenfalls sofort den Saft verwenden zu können. Bei uns bieten Schönheitssalons Gesichtspackungen mit Aloe an, die Falten zum Verschwinden bringen. Wer selbst eine solche Pflanze im Haus hat, kann ab und zu ein Blatt abbrechen, mit dem aus der Schnittfläche austretenden Saft das Gesicht bestreichen und das Blatt in einem Wasserglas für den nächsten Tag aufbewahren. In den USA nennt man die Pflanze beauty plant, und in Indonesien reiben die Frauen das Haupthaar einige Zeit vor dem Waschen mit Aloesaft ein.

Man darf die Pflanze, die am liebsten an einem schattigen Ort im Freien steht, bei einer Temperatur von 25° C nur einmal pro Woche gießen. Je größer der Topf ist, desto schneller wächst und vermehrt sich die Pflanze. Ständig wachsen aus dem oberen Teil der Wurzel Ableger, die man nach einiger Zeit von der Mutterpflanze abschneiden und in einen eigenen Topf mit Erde setzen kann.

Die Blätter der Aloe sind auffallend fleischig und saftig. Sie hält das Wasser bei sich und läßt nur wenig verdunsten. Diese Eigenschaft und die Tendenz, sich ständig fortzupflanzen, verleiht ihr die mütterliche Art, die an das Tierkreiszeichen Krebs denken läßt. Das ist der Gefühlstyp, reich an emotioneller Erlebnisfähigkeit, aber auch dazu neigend, die Gefühle für sich zu behalten und aufzustauen. Die einzige Ausnahme ist auf der Bühne, wo dieser Menschentypus seine Gefühle in Form großer Tragödien entladen kann. Das Gefühl in der Seele wird verkörpert durch das Wasser. Wie das Wasser im Körper festgehalten wird, so wird das Gefühl in der Seele festgehalten. Nach der uralten Signaturenlehre entspricht die Aloe in ihrer Art dem Gefühlstyp bei den Menschen, der viele Gefühle ansammelt, aber diese nicht äußern kann.

Wenn nun der Vorrat an emotionellen Eindrücken von überwiegend negativer Art ist, ist dies für die menschliche Seele ein ungesunder Zustand. Ein solcher Mensch muß einen Vertrauten, einen Beichtvater haben, bei dem er ab und zu sein Herz ausschütten kann. Wenn der Krebsmensch, der meist rundlich und korpulent ist (wie die fleischigen Blätter der Aloe, die aufgebläht sind von der Wasserfülle im Gewebe), keine Gelegenheit findet, bei einem engen Vertrauten seinen Gefühlsdruck abzubauen, dann bilden sich mit der Zeit im Körper Taschen, in denen sich entsprechend den negativen Seeleninhalten vergiftetes Wasser ansammelt. Daraus entstehen Zysten, später Geschwüre und Tumore, die, wenn das angesammelte Leid sehr groß ist, bösartigen Charakter annehmen können. Es entsteht Krebs – die Krankheit, die den gleichen Namen trägt wie das Tierkreiszeichen. Wie der Krebs seinen verletzlichen Leib in einem harten Panzer verbirgt, so schützt die Krebsfrau ihre verletzliche Seele hinter einem etwas rauhen Äußeren. Hier ist bereits der Anfang eines Prozesses sichtbar, bei dem sich ein tiefes inneres Leid nicht äußern kann und dadurch immer schlimmer wird. Dies ist die Tragik der Unverstandenen, die sich innerlich nach einem verständnisvollen Mitmenschen sehnt. Darin liegt die Wurzel der Krankheit.

Das äußere Abbild hiervon ist die Aloe. Sie liefert daher auch die Arznei gegen Krebs, nach dem homöopathischen Prinzip »Gleiches für Gleiches«. Aloe wird schon seit Jahrhunderten verwandt, in Europa vor allem in den Ländern hinter dem Eisernen Vorhang. In Rußland, wo die meisten Ärzte Frauen sind, die von Natur aus diese Zusammenhänge besser erfassen als Männer, wird auch in den Krankenhäusern die Aloe als Mittel gegen Krebs angewandt, vor allem Magen- und Darmkrebs. Auf einer Reise durch die Tschechoslowakei traf ich vor vielen Jahren eine Arztwitwe, die mir eine Aloewurzel schenkte und mir erzählte, daß ihr Mann damit seine Patienten behandelte. Sie gab mir auch das Rezept: Die frischen Blätter drei- bis fünfjähriger Pflanzen, die mindestens drei Tage nicht mehr gegossen wurden (der Saft ist dann konzentrierter) zerstampfen oder feinmahlen. Auf 300 g des abgetropften oder ausgepreßten Safts nimmt man 500 g Honig, 7 dl reinen Rotwein und 1 dl hochprozentigen Alkohol. Man mischt dies alles und gibt es in eine dunkle Flasche, die fünf Tage an einen kühlen und dunklen Ort gestellt wird. Für die Kur nimmt man jeweils eine Menge von 15 Teelöffeln aus der Flasche und filtert diese durch ein Tuch. Die ersten fünf Tage gibt man dem Kranken dreimal täglich einen Teelöffel voll drei Stunden vor den Mahlzeiten. Ab dem sechsten Tag gibt man jeweils einen Teelöffel eine Stunde vor den Mahlzeiten. Bei leichten Fällen braucht diese Kur nur drei Wochen zu dauern, in schweren bis zu zwei Monaten. Man entnimmt jeweils die Menge für fünf Tage aus der Flasche und filtriert diese zum Gebrauch ab. Nicht länger als zwei Monate im Jahr anwenden.

Die reinigende Wirkung auf die Verdauungsorgane ist enorm. Man muß allerdings auch vor, während und nach der Kur streng vegetarische Diät halten! Viel rohe Vollkornflocken, sorgfältig gekautes, frisches, rohes, ungespritztes Obst und Gemüse, von dem man auch die Kerne mitißt; sehr wichtig ist reichlich roher, frisch gepreßter Rote-Bete-Saft.

Daß man negative emotionelle Eindrücke, d. h. Kränkungen und Kummer, ungerechte Behandlung und Mißverständnisse nicht verarbeiten kann, findet seine Analogie in der Unfähigkeit der Pflanze, das viele Wasser zu verdunsten. Die Pflanze kann allerdings gesund bleiben, weil sie ihre Kräfte für die Zellteilung einsetzt, d. h. für Wachstum und Fortpflanzung. Ebenso kann die Krebsfrau in der Fürsorge für eine große Familie viel Gefühl ausleben. Wenn dies jedoch durch empfängnisverhütende Mittel verhindert wird, finden die mütterlichen Schöpfungskräfte keinen Ausweg. Die Gebärmutter wird durch den sexuellen Kontakt zwar gereizt, aber nicht durch Befruchtung befriedigt. Das macht im wörtlichen Sinne böses Blut. Die Gebärmutter ist ein selbständiges Wesen, ein Gefühlsorgan, das seine Bestimmung erfüllen will. Wenn sie immer wieder frustriert wird, beginnt sie, wilde Zellen aufzubauen; es entstehen Geschwulste oder ein Krebsgeschwür. Je stärker sie den Betrug empfindet, desto bösartiger wird das Geschwür. Auch so kann Krebs entstehen. In diesem Fall kann man die mütterliche Aloe zu Hilfe rufen.

In Westeuropa ist die Aloe in der Homöopathie schon lange in Gebrauch, allerdings hauptsächlich als Aloe D 3 gegen abnormale Gebärmutterblutungen, daneben auch bei Leberstauung, Diarrhöe und blutenden Hämorrhoiden. Aloe fördert die Menstruation, die auch eine monatliche Blut- und Seelenreinigung ist, bei der manchmal traurige Erinnerungen wiederkehren; ein ungehinderter Tränenstrom bringt dann Erleichterung. Aloe wirkt reinigend und anregend, galletreibend, gewebeverstärkend und gegen Darmparasiten. Man gibt sie bei arterieller Hyperämie, d. h. Blutstauung, im Bereich des kleinen Beckens, bei Frauenleiden, Nierenschmerzen, Ekzemen, Migräne, Asthma, Lungen-Tbc, Halsentzündungen und Grippe – Venus- und Mondleiden!

Milchsaft

Inkarnations- und Exkarnationspflanzen

Immer wieder fesselnd ist die Geschichte, die die Wildpflanzen uns erzählen. Dies gilt auch für die Geschichte unseres Gemüses, das aus Wildpflanzen gezüchtet wurde. Betrachten wir uns einmal unseren Kopfsalat und seinen Vorfahren, den Wildsalat, die Wilde Zichorie und ihre Abkömmlinge Eindiviensalat und Chicoree sowie die in unseren Gärten so häufig vorkommenden Wildpflanzen Schöllkraut, Löwenzahn und Gänsedistel, den Klatschmohn, den Mohnkopf und den Schlafmohn aus der Familie der Mohngewächse.

Alle diese Pflanzen enthalten einen Milchsaft, der meist weiß ist, beim Schöllkraut jedoch intensiv orange. Er schmeckt meist bitter, manchmal auch scharf. In Venezuela wächst der sog. Kuhmilchbaum, dessen weißer Milchsaft tatsächlich wie Kuhmilch schmeckt.

Dieser Milchsaft, sofern er bitter schmeckt, enthält die Kraft der Verstofflichung, der Inkarnation, der Verfestigung, die Kraft des Lebensäthers und der Planeten Mars und Saturn. Alles, was bitter und scharf schmeckt, bindet Leib und Seele zusammen, hält Mensch und Tier auf der Erde. Ein bitteres Kraut (Wermut) kann einen Menschen noch vom Abgrund des Todes ins Leben zurückreißen.

Es ist ein Tonikum für Herz und Leber. Der Milchsaft von Pflanzen ist daher auch der Muttermilch bei Mensch und Tier verwandt; beide helfen den jungen Geschöpfen, sich im Stoff zu inkarnieren und zu wachsen.

Auch unsere Erde war einmal ein junges Geschöpf mit einem weichen Leib. Das war in der lemurischen Zeit, als der Mond noch nicht aus der Erde geboren war. Die Erde schwebte damals als kosmischer Embryo im Fruchtwasser, wie ein Eidotter im flüssigen Eiweiß in ihrer ebenfalls eiweißartigen Atmosphäre, und all ihre Geschöpfe tranken daraus und nährten sich damit. Sie lebten, wie heute noch der Seestern lebt: Er nimmt Seewasser auf und läßt es als Blut durch seine Adern rinnen; was er davon nicht gebrauchen kann, gibt er wieder ab. Der Himmelstrank hieß im alten Persien das heilige Haoma, in Indien Soma.

Als der Mond sich an der Stelle des damaligen Lemuria, wo sich heute der Stille Ozean befindet, von der Erde losgerissen hatte und die Herrscherin über das Wasser die Erde verlassen hatte, begann der Erdball einzutrocknen; Wasser und Land schieden sich voneinander, Falten (Gebirge) entstanden. Die Atmosphäre wurde dünner; die Geschöpfe verfestigten ihren Leib und saugten nun die eiweißreiche himmlische Milch in ihren Leib, der erst ausgebreitet war und sich nun um die Milch schloß: So entstanden die Außenseite (Ektoderm) und die Innenseite (Entoderm) des Körpers. Bei den Pflanzen wurde die himmlische Milch zu Saft, und bei einigen Tierarten und beim Menschen zu rotem Blut.

Im roten Farbstoff wohnt das martialische Ich, das Astrale, die Begierde, die die Pflanzen noch nicht oder fast nicht besitzen. Die Pflanzen mit Milchsaft haben diesen etwa 50000 Jahre bewahrt; es sind sehr alte Pflanzen. Hierzu gehören auch der Schlafmohn und die Wolfsmilch. Die Wolfsmilcharten (Euphorbia) sind giftig; man bereitet jedoch aus ihnen gute Arzneien, die Krämpfe lösen, Wasser, Schleim und Parasiten austreiben, fruchtabtreibend wirken, purgieren und die Blutgefäße erweitern. Verwendet wird der getrocknete Milchsaft. Der Samen der Euphorbia lathyris wird zu einem kaffeeartigen Getränk geröstet.

Der Schlafmohn (Papaver somniferum) bringt den Menschen zurück in seinen lemurischen Zustand, in den süßen Schlaf voller Träume, in dem der Schmerz und die Trübsal dieses Erdenlebens verschwinden. Aus dem Milchsaft der unreifen Samenkapsel wird ja das Opium und das daraus abgeleitete Morphin, Codein usw. hergestellt. Das Opium stillt die Krampfhaftigkeit, mit der der schwache Mensch versucht, das irdische Leben zu bewältigen. Statt ihn bei dieser Aufgabe zu stärken, lenkt es ihn davon ab und versetzt ihn zurück in eine frühere Phase, macht ihn zum Säugling, ja zum Embryo. Es verlängert damit nur sein Leiden auf dem großen Entwicklungsweg durch viele Erdenleben, denn wir alle müssen einmal lernen, uns in die Materie zu inkarnieren und Herr der Materie zu werden.

Wer einmal auf der Erde ist, hat hier offenbar eine Aufgabe zu erfüllen. Die Flucht nach Lemuria (so hieß auch ein von Drogensüchtigen vielgelesenes Blatt) bewirkt nur eine Verzögerung. Ist es nicht eigenartig, daß auf den Schlachtfeldern Meere von Klatschmohn (Papaver rhoeas) blühen – die Schmerzstiller erscheinen dort, wo sie gebraucht werden!

Eine Abart des Schlafmohns ist der Blaue Mohn mit seinen schönen dunkelblauen Blüten, der auf großen Feldern angebaut wird und den schwarzen Samen liefert, der als Gebäckzutat dient oder dessen Öl zur Margarineherstellung verwendet wird. Die Verwandtschaft mit der Mondkraft ergibt sich schon aus dem Namen. Das Opium bringt den Menschen in der Tat zurück zum Mond, dem nächsten Nachbarn unserer Erde, wo die Seelen der Ungeborenen und der gerade Verstorbenen wohnen, der noch nicht und der gerade nicht mehr Inkarnierten. Wenn unsere Arbeit auf Erden getan ist, kommen wir dort schon von alleine hin.

Wenn Sie Mohn im Garten haben, achten Sie dann einmal darauf, wie sich das Auf-die-Erde-Kommen und das Verlassen der Erde in dieser Pflanze ausdrückt: Wenn die Blütenknospen sich entwickeln, hängen sie zunächst noch schwer nach unten; dann zieht die Erde (Lebensäther, Saturn) sie noch an, wie alle hängenden Blumen (Glockenblumen, Flammendes Herz, Goldregen, Blauregen usw.). Beim Aufbrechen der Knospen richtet sich die Blüte zur Sonne auf und wird ganz und gar Feuersglut. Das Saturnalische zeigt sich dann noch an den schwarzen Flecken im Blütengrund und dem schwarzen Blütenstaub. Die Samenkapsel reift dann kerzengerade, vom Mond angezogen. So durchläuft die Pflanze drei Phasen: Erde, Sonne und Mond.

Unser Kopfsalat (Lactuca sativa), eine saftige Milchpflanze, wie der lateinische Name besagt, trieft von Milchsaft, wenn man die Wurzel abschneidet. Er enthält u. a. Brom und wirkt dadurch beruhigend und erweichend. Die alten Römer aßen ihn deshalb abends, am Ende der Mahlzeit, als Schlafmittel. Kaiser Domitian kehrte dann die Reihenfolge um: Erst die Rohkost mit Kopfsalat, Wege-Rauke, Kresse und Radieschen! Im Mittelalter machte man aus dem wilden Salat das Betäubungsmittel Lactucarium Germanicum, das ziemlich bitter war, und aus dem Kopfsalat das mildere Lactucarium Gallicum. Der wilde Salat (Lactuca virosa) hat kleine Blätter, die vom Menschen immer zarter gezüchtet wurden. Eigentlich wurde die Knospe fixiert und vergrößert; der Kopf ist im Grunde ein Baby! Schon 500 Jahre vor unserer Zeitrechnung aßen die persischen Könige den wilden Salat, und bei den alten Hebräern gehörte er mit Zichorie und Endivie zu den bitteren Kräutern des Passahfestes.

Den Saft des wilden Salats kann man nicht roh verwenden, sondern nur in homöopathischer Aufbereitung: Lactuca virosa D3 (dreimal täglich 5 Tropfen) gegen Asthma, Krämpfe und Schlaflosigkeit.

Wenn man den Kopfsalat im Garten auswachsen läßt, erkennt man seine ursprüngliche Gestalt mit der Traube kleiner gelber Blüten.

Die Garten-Gänsedistel (Sonchus oleraceus), die Mutter Natur in unseren Garten gesät hat, liefert einen guten Salat, vor allem gemischt mit Kopfsalat (oleraceus bedeutet ja auch »als Gemüse eßbar«). Ihr Name (französisch laitue de lièvre) weist darauf hin, daß sie auch von den Tieren gern gefressen wird. Die Blätter wirken kühlend, wassertreibend, galleanregend und kräftigend. Sie heilen Leberentzündung, Gelbsucht, Asthma, Magenentzündung, Harnbrennen, lösen Steine und wirken milchbildend und blutreinigend. Wer das frische Blatt nicht zur Verfügung hat, nimmt den Tee aus den getrockneten Blättern.

So beruhigende Pflanzen wie Kopfsalat und Gänsedistel sind wie tröstende Mutterhände – echte Mondpflanzen!

Kartoffel

Die Kartoffel (Solanum tuberosum) gehört der giftigen Pflanzenfamilie der Nachtschattengewächse an, die in ihrer Heimat Amerika den Indianern viele Gifte geliefert haben, z.B. den Stechapfel (Datura stramonium), mit dem sie den Ätherleib etwas vom stofflichen Leib lösten, um den Ahnen begegnen zu können (high zu werden, wie man heute sagt). Zur gleichen Familie gehören der Tabak und die Tomate, und bei uns heimisch sind Bilsenkraut (Bestandteil der Hexensalbe), Tollkirsche (Atropa belladonna), Bittersüßer und Schwarzer Nachtschatten. Auch die Kartoffel ist eine Giftpflanze, nur sitzt bei ihr der Giftstoff, das Solanin, ausschließlich in den oberirdischen Pflanzenteilen, in Blatt, Blüte und Frucht sowie in den Augen der Kartoffel, die eine unterirdische Stengelknolle ist. Auch dem Licht ausgesetzte Teile der Kartoffel, die grün geworden sind, sind giftig. Wer also Kartoffeln mit der Schale ißt, muß immer sorgfältig die Augen und eventuell grüne Teile entfernen.

Ansonsten ist diese Stengelknolle jedoch ein recht gutes Nahrungsmittel, das zwar zu 90 % aus Wasser besteht und den Esser auf die Dauer dick macht, aber die restlichen 10 % enthalten Kalium (1 kg Kartoffeln geben dem Esser 5 g Kalium, und Kalium gibt Muskeln – man sieht die kartoffelessenden Torfstecher van Goghs direkt vor sich!), und dicht unter der Schale befindet sich etwas Kieselsäure, die beim Schälen verlorengeht. Wenn man Kartoffeln mit der Schale in Wasser kocht, dann befindet sich das Kalium und die Kieselsäure im Kochwasser, das man dann natürlich nicht wegschütten darf, sondern zu einer Suppe verarbeiten oder, nach der Waerland-Methode, als Reinigungsgetränk auf den nüchternen Magen trinken muß. In letzterem Fall muß man Karotten, Sellerie und Leinsamen mitkochen. Außerdem enthält die Kartoffel reichlich Vitamin C, das die Abwehrkraft gegen Infektionen stärkt. Diese Vitamine und die ganze wasserreiche Kartoffel sind Yin und finden daher bei Ohsawa keine Gnade. Natürlich verleiht Vollkorn bei der Hauptmahlzeit dem Menschen viel mehr aufbauende Sonnenkraft; dafür reinigt aber die Kartoffel, wie alle Nahrung, die von Natur aus Yin ist. Daher darf man ruhig ab und zu Kartoffeln essen, wenn es nur nicht die Hauptmahlzeit ist und nicht jeden Tag. Die Reinigung ist ebenso wichtig wie der Aufbau; in unserer vergifteten Umwelt ist sie enorm wichtig. In der Tat ist die Kartoffel, sofern ohne Kunstdünger und Spritzgifte angebaut, ein vielseitiges Heilmittel.

Sie heilt Glycosurie (Traubenzucker im Harn), abnormen Durst (Polydipsie) und erhöht die Vitalität des Gewebes.

Bei Nierenentzündung legt man auf den Rücken des Kranken in Höhe der Nieren eine Kompresse mit noch warmem Kartoffelpüree aus in der Schale und ohne Salz gekochten Kartoffeln und legt ein Tuch darüber. Nach höchstens sechs Stunden abnehmen und vergraben, denn das Krankheitsgift zieht in das Püree. Dann frisches Püree auflegen, bis der Kranke genesen ist. Yin-Dinge ziehen, sie sind magnetisch! Mit einer frischen Kartoffelschale bestreicht man Warzen. Rohe Kartoffelscheiben trägt man in dünnen Beuteln über der schmerzenden Stelle bei Hexenschuß, Ischias, geschwollenen Knien, schmerzenden Armen, Beinen und Füßen. Nach dem Eintrocknen erneuern. Umschläge aus rohen, geriebenen Kartoffeln legt man auf Brand- und sonstige Wunden.

Gegen übermäßige Magensäure trinkt man frisch gepreßten Kartoffelsaft. Diesen kann man bei Milchmangel auch Säuglingen geben. Morgens und abends frisch gepreßten Saft aus jeweils ½ kg Kartoffeln trinken ist eine Kur, mit der man die heute so häufige Krankheit Spondylosis, die Arthrose der Wirbelkörper, mit Erfolg behandeln kann. Der Rücken wird dadurch wieder gesund, aufrecht, geschmeidig und stark, auch ohne Korsett oder Operation.

Bei Schwellungen und schmerzenden Stellen über inneren Entzündungen, evtl. tuberkulöser Art, legt man dreimal täglich in einem Kreis um die Schwellung einen Brei aus gekochten Kartoffeln und frischer Buttermilch. Das empfiehlt sich auch bei geschwollenen Beinen!

Kartoffelkochwasser macht Gemälde, Kupfer, Silber und Ihre Hände wieder schön; es läßt Obstflecken auf Leinenwäsche verbleichen, woraufhin man sie auswaschen kann. Halten Sie die Kartoffel daher ruhig in Ehren und essen Sie sie, vor allem in der Reinigungszeit!

Distel

Die Disteln gehören zu den für den Menschen segensreichen Pflanzen, die jedoch in einigen Ländern systematisch ausgerottet werden. In Belgien z. B. macht man sich strafbar, wenn man wilde Disteln auf seinem Grundstück nicht entfernt! Viele Arten sind für Mensch und Tier sowohl Nahrung als auch Medizin.

Betrachtet man den Bau der Pflanze, dann sieht man, daß die Distel, von der einige Arten in der Steppe und in Wüsten beheimatet sind, von trockener Art ist und eher das Sonnenlicht sucht als das Wasser. Die Blätter werden nach den Rändern hin immer trockener, härter und stacheliger. Auch die Kelchblätter, die das Blütenköpfchen umhüllen, laufen spitz zu. Die Blüte selbst, die meist blau, manchmal auch gelb ist, besteht aus zarten Röhrenblüten, die oft angenehm duften. Sie strahlen Sonnenkraft aus. So sieht man in den Stacheln Mars wirken, in der Blüte die Sonne und in den Stoffen, die die Distel enthält, wirkt Jupiter als Ernährer und Heiler, insbesondere für »sein« Organ, die Leber. In den meisten Arten kommen Bitterstoffe und das nahrhafte Kohlehydrat Inulin vor. Vor allem erstere stärken das Ich, das sich dann in der Verdauung Geltung verschafft, sich über die Leber gegen Gifte wehrt und die martialische Galleproduktion steigert. Menschen, die etwas wehrhafter werden müssen, mehr Selbstbehauptungswillen zeigen müssen, sollten Disteln wie die Karde oder die Artischocke essen oder Arzneien z. B. aus dem Samen der Mariendistel nehmen.

Artischocke (Cynara Scolymus)

Die Artischocke ist eine in Südeuropa als Gemüse angebaute große Distel mit schönen blauen Blüten. Gegessen werden der Blütenboden und der untere Teil der Kelchblätter. Man viertelt die Köpfe, entfernt das Heu, wäscht die Stücke unter fließendem Wasser und gart sie mit einem Lorbeerblatt und einigen Gewürznelken in Öl. Wenn sich ein Kelchblatt leicht lösen läßt, ist das Gericht fertig. Dies ist eine ausgezeichnete Nahrung für Leber und Nerven.

Dr. Vogel hat die Artischocke in seiner Arznei Boldocynara verarbeitet, und die Anthroposophen (Fa. Holle) bereiten einen Sirup daraus. Blatt und Wurzel enthalten Bitterstoff, Gerbstoff,

Provitamin A und etwas Vitamin B_1, außerdem das als Lab wirkende (d. h. die Milchgerinnung herbeiführende) Enzym Cynarase, das in südlichen Ländern zur Käseherstellung verwendet wird und beim Menschen die Verdauung des Milcheiweißes sehr fördert.

Eselsdistel (Onopordon acanthium)

Esel leben hauptsächlich von Disteln, wenn sie diese am Wege finden können, insbesondere der Eselsdistel. Diese gibt ihnen die Kraft und die Ausdauer, wenn sie mit schweren Lasten bei Hitze und Kälte im Gebirge lange Strecken zurücklegen. Disteln sind Tonica, die die Drüsen stimulieren. Der Esel gehört dem Tierkreiszeichen Krebs an, das im Osten ja auch Esel heißt. (Es heißt, daß Jesus im Tierkreiszeichen Zwillinge geboren ist, d. h. zwischen Stier und Krebs, zwischen Ochs und Esel also). Dies ist ein freundliches, gutmütiges Zeichen, das die Lasten der anderen auf sich nimmt, aber in seinem Verhalten auch etwas Stures haben kann. Krebs bzw. Esel wird vom Mond regiert, der über die Drüsen bei Mensch und Tier herrscht.

Die Firma Weleda erzeugt ein Herztonikum aus der Eselsdistel (Onopordon). Korinthen sind junge Trauben, die in Eselsmist getrocknet werden. Man weiß aus Erfahrung, daß durch Kauen eines Eßlöffels ungewaschener Korinthen am Morgen ein hoher Blutdruck sinken kann. Vielleicht ist dies auf die Kraft der Eselsdistel im Eselmist zurückzuführen.

Als Heilmittel für den Menschen nutzt man die Pflanze ihrer harntreibenden, magenstärkenden und fiebersenkenden Wirkung wegen; die Wurzel regt die Menstruation an.

Benediktenkraut (Cnicus benedictus)

Diese gelbblühende Distelart wächst in ganz Europa, vor allem auf dem Balkan. Die alten Römer gebrauchten diese Distel zur Stärkung von Herz und Leber; Karl der Große übernahm diese Anwendung. Martin Luther nahm Kardobenediktenwasser gegen sein Stechen in der linken Seite, das von einer Milzstauung herrührte. Nach der Signaturenlehre müssen diese stachligen Pflanzen natürlich gut sein gegen stechende Schmerzen!

Das Benediktenkraut (Chardon béni, Blessed thistle) verbessert die Lebertätigkeit und ist u.a. deswegen ein Mittel gegen bösartige Anämie, gegen Leberreizungen, Gallensteine, Gelbsucht und Pfortaderstauung. Sie regt die Transpiration, die Menstruation, die Magendrüsen und die Nieren an und vertreibt Fieber und Würmer.

Sie reinigt das Blut, stillt Blutungen und heilt Drüsenschwellungen; sie wirkt daher kräftigend für den skrophulösen Typus (Cancer-Konstitution, Krebsdisposition). Auch der Samen wirkt blutreinigend und magenstärkend. In zu großen Dosen wirkt er als Brechmittel. Der darin enthaltene Bitterstoff wird beim Bierbrauen als Hopfenersatz verwendet. Wie alle bitteren Kräuter haben diese Pflanzen eine starke Marswirkung, die in demjenigen, der sie zu sich nimmt, das Yang-Element verstärkt.

Mariendistel (Carduus Marianus oder Silybum Marianum)

Die Namen dieser Distel (Frauendistel, Chardon Notre-Dame) weisen bereits auf ihre Heilwirkung bei Frauenleiden hin. Sie wirkt insbesondere auf die weiblichen Drüsen, die Eierstöcke und die Brustdrüsen; sie reguliert die Harnausscheidung bei der Frau und heilt Krampfadern. Sie normalisiert eine geschwollene Gebärmutter und beseitigt Menstruationsstörungen (zu früh oder zu spät, zu viel oder zu wenig). Die Mariendistel regelt und verstärkt die Lezithinproduktion des Gelbkörpers, der aus dem geplatzten Folikel im Eierstock entsteht, wodurch Nerven und Gemüt gestärkt werden. Dies bedeutet eine Stabilisierung der Stimmungslage. Die Mariendistel ist vor allem zu empfehlen für den blassen, rothaarigen, sommersprossigen und schwachen Pulsatilla-Typ.

Die Pflanze hält auch das Gleichgewicht zwischen der Abscheidung von weiblichem und männlichem Hormon aufrecht. Der allzu weibliche Typ mit wenig aktiver Nebennierenrinde, zu wenig Mut und Unternehmungslust, zu geringer Muskelkraft – kurz: zu wenig Mars, bekommt durch die Mariendistel neue Energie, da diese die männliche, elektrische Seite stärkt. Leber, Gebärmutter und Vitamin-B-Komplex hängen ebenfalls zusammen und werden durch die Mariendistel günstig beeinflußt. Auch auf die weibliche Brust wirkt die Pflanze: Es werden nicht nur die Milchdrüsen stimuliert, sondern auch Knoten, akute Entzündungen und Überempfindlichkeit der Brust während der Menstruation geheilt.

Rauhblattgewächse

Die Familie der Rauhblattgewächse (Borretschgewächse, Boraginaceae) ist durch die rauhhaarigen Blätter, die von rosa nach blau wechselnden Blüten und eine starke Verbundenheit mit der Kieselsäure gekennzeichnet. Letztere gehört zum Licht, kann aber auch viel Wasser in sich aufnehmen. So finden wir die Rauhblattgewächse, z. B. den Beinwell, gern auf nassen Wiesen, auf feuchten Schuttplätzen und in Auwäldern, jedoch erkennen wir an den rauhen Haaren die Kieselsäure, die immer scharfe, spitze Formen erzeugt (Schütze!). Die Kieselsäure bildet sechskantige Kristalle, z. B. beim Bergkristall, die ebenfalls scharf und spitz sind. Dem Menschen, der diese Pflanzen zu sich nimmt, verleiht sie Festigkeit (Beinwell für die Knochen!) und Zielstrebigkeit.

Der Blütenstand ist ein sogenannter Wickel, der sich allmählich aufrollt. Die Knospe, die ins Freie gelangt, entfaltet sich am Licht. Diese Blüten enthalten tief auf ihrem Grund viel Nektar, den die Bienen mit ausgerolltem Saugrüssel erreichen müssen.

Diese Pflanzen lassen durch den Farbenwechsel von rot (yang, sauer) nach blau (yin, alkalisch) oder umgekehrt, Yin und Yang zu ihrem Recht kommen. Dies entspricht dem Gleichgewicht zwischen Licht und Wasser. Diese Eigenschaft verleiht den Pflanzen Heilkraft für die Krankheiten des Menschen, bei denen dieses Gleichgewicht gestört ist, z. B. bei einem Überbein. Dieses kann nach einem heftigen Schlag auf ein Gelenk entstehen, durch den die Gelenkflüssigkeit austritt und das Gelenk verknöchert. Auf dem Steißbein z. B. kann ein solches Überbein sehr unangenehm sein. Durch Anwendung von Beinwellblättern oder Präparaten kann diese Verhärtung langfristig wieder verflüssigt werden.

Vergißmeinnicht

Die bescheidene, prächtig blaue Blüte des Vergißmeinnichts (Myosotis) in seinen verschiedenen Arten und die zartbehaarten Blätter weisen auf eine Vorliebe für die Yin-Seite hin. Sie ist das Sinnbild des fernen Ideals, für das man (Schütze) bis ans Ende der

Welt zu gehen bereit ist. Sie spricht das Gemüt an, wie der folgende mittelalterliche Vers zeigt:

> Und wollt ihr wissen was mir das liebste sy?
> Das plawe plümlin, das steht gar nach daby!
> Das plawe dütet stät,
> der kühle Wind hat mir den Weg verweht.
> Das plawe Plümlin hoffet auf Genad –
> und stünd die allerschönst Jungfroh dafür:
> den Wechsel wollt ich nit trieben,
> ich will by meinem plawen Plümlin blieben!

Es ist eine tröstende und heilende Pflanze für Leib und Seele. Man wendet es an bei chronischer Bronchitis und Lungen-Tbc mit Blutungen und Nachtschweiß sowie bei Darm-Tbc. Sie kann diejenigen stärken, die das Interesse am irdischen Leben verloren haben.

Steinsame

Der Name des Steinsamens (Lithospermum officinale) hat doppelte Bedeutung: Die Samen dieser Pflanze sind wegen ihres Kieselsäure-Kalkgehalts steinhart, und sie heilt – man denke an die Signaturenlehre! – beim Menschen Nierensteine. Außerdem ist sie ein Kontrazeptivum, d. h. sie kann Schwangerschaften verhüten.

Lungenkraut

Ein weiteres Mitglied der Familie ist das Lungenkraut (Pulmonaria officinalis), das mit seinen gefleckten, herzförmigen Blättern und den von rosa nach blau wechselnden Blüten eine hübsche Gartenpflanze ist, die sich selbst aussät. Mit den rauhhaarigen Blättern reibt man sich bei Erkrankungen der Atemwege die Brust ein; den gleichen Zweck erfüllt der Tee daraus.

Die jungen Frühjahrsblätter ißt man zum Salat; sie wirken leicht zusammenziehend (u. a. gut bei Diarrhöe) und sind in England als Frühjahrsgemüse sehr beliebt.

Der Tee wirkt leicht reizlindernd und schleimlösend auf die Atemwege. Früher war pulverisiertes Lungenkraut auch in dem französischen Heilmittel Pulmo enthalten, heute jedoch nicht mehr. Wenn man dieses Pulver auf frische Wunden streut, geht die Heilung schneller vonstatten. Mit Honig vermischt gibt man es auch bei Blutkrankheiten und Diarrhöe.

Rezepte für Tee bei verschleimten Lungen und ähnlichem:

1. Man nehme 1 Teil Stiefmütterchenblätter und 1 Teil Süßholz auf drei Teile Lungenkraut, Spitzwegerich und Huflattich.
2. Gleiche Teile Lungenkraut, Spitzwegerich und Fenchel. Man nimmt von beiden Tees 15 g der Mischung auf ½ l kochendes Wasser. Alle 2 Stunden einen Löffel voll einnehmen.

Ein Tee gegen Blasenschwäche, Hämorrhoiden, Blutharnen und Neigung zu Grieß und Steinen: Lungenkraut, Ehrenpreis und Kerbel, jeweils frisch. Drei Tassen pro Tag.

Beinwell

Der Beinwell (Symphytum officinalis) ist zur Zeit wieder sehr populär. Die kosmische Kraft, die Pflanzen wundheilend macht, ist die zusammenziehende Kraft von Saturn. Dies erkennt man am Äußeren der Pflanze: So haben Beinwell und Ringelblume Blätter, die teilweise nicht an Blattstielen wachsen, sondern direkt aus dem Stengel erscheinen oder sogar noch teilweise mit diesem verwachsen sind, wie wenn sie sich nicht von ihm lösen könnten. Der Beinwell ist besonders saturnalisch: Die Blüten hängen in einer Reihe violetter bis gelblich-weißer Glocken nach unten, jede mit fünf Zipfeln, d. h. aus fünf verwachsenen Blütenblättern zusammengesetzt. Eine solche Blumenkrone öffnet sich nach unten, blickt also zur Erde und gehört daher auch zu verschlossenen, introvertierten Menschen, zum Typ Steinbock, einem Erdzeichen, das sehr stark an Konventionen festhält.

Der Beinwell wächst an Ufern, Gräben und auf nassen Wiesen. Die Blätter sind stark behaart, die Blüten enthalten viel Nektar und werden daher gern von Bienen besucht. Die fettige, weiße, milchsafthaltige Wurzel ist wie die Schwarzwurzel mit einer schwarzen Haut bedeckt und kann ebensogut wie diese gegessen werden. Die Beinwellwurzel (beim Apotheker: Radix Symphyti) ist besonders heilkräftig, insbesondere für Knochenbrüche (griechisch: symphein = zusammenwachsen). Im Lateinischen heißt die Pflanze Consolida, im Englischen comfrey und im Französischen grande consoude.

Aus der Wurzel wird eine Salbe bereitet. Dr. Vogel verwendet die Wurzel für seine Crême Symphytum; hierbei handelt es sich allerdings um den Sibirischen Beinwell.

Man kann die frische Wurzel reiben und mit warmem Wasser zu einem Brei verrühren. Dann streicht man etwas angemachten Lehm (z. B. Luvos Heilerde) auf ein Tuch, gibt darauf den Wurzelbrei und legt diesen Umschlag auf den Bruch. Man kann auch 3 Eßlöffel der pulverisierten Wurzel mit kochendem Wasser anmachen.

Außer bei Knochenbrüchen, die durch den Beinwell rasch heilen, kann man diesen Brei oder den Symphytumextrakt auch anwenden bei Phlegmonen (eitrigen Entzündungen des Zellgewebes), Geschwüren, Furunkeln, Krampfaderstauungen, Hämorrhoiden, Gangränen, Panaritium (Nagelumlauf), rheumatischen und arthritischen Entzündungen, Knochenschmerzen, Knocheneiterungen, Überbein, Knochenerweichung und -entzündung, Nervenschmerzen und -schädigungen, auch in einem Amputationsstumpf, Verstauchungen und Verrenkungen, Ischias, Geschwulsten, offenen Beinen usw. Wer die Wurzel kaut, spürt eine deutliche Schmerzlinderung.

Innerlich kann man das Symphytum (d. h. die Ur-Tinktur) in Wasser oder in Tee aus der gemahlenen Wurzel (15 Tropfen pro Tasse) bei folgenden Erkrankungen anwenden: Schlagfluß, Blutungen, chronische Darmentzündung, Magen- und Darmgeschwüren, chronischem Katarrh der Atemwege, zu starke Menstruation und bei blutigem Urin oder Stuhl. Man nimmt 3 Teelöffel der Tinktur ein, wenn die Blutung gestillt ist, und noch dreimal 20 Tropfen in Wasser oder Tee.

Bezüglich der Blätter ist Vorsicht geboten: frisch auf Wunden aufgelegt, wirken sie heilend, da sie das Wachstum neuen Gewebes anregen. Wie die Blätter des Borretsch wirken sie, auf Krebsgeschwüre gelegt, reinigend und heilend (der eklige Geruch verschwindet, ebenso der Schmerz). Die Blätter des bei uns wild wachsenden Beinwells enthalten jedoch ein Nervengift. Er wird daher vom Vieh nicht gegessen.

Es gibt allerdings auch andere Sorten, die gerade als Viehfutter gezüchtet werden, vor allem für Schweine. Das sind u. a. das Symphytum asperinum im Kaukasus, das S. peregrinum in der Ukraine und das S. orientale in Armenien und Nordpersien. Daneben gibt es noch das S. siberica, das Dr. Vogel für seine Crêmes verwendet.

Diese gezüchteten Arten enthalten Vitamin B 12 (wie auch das Isländische Moos). In den angelsächsischen Ländern werden diese Arten als Salat angebaut. Die Schleimstoffe in den Blättern und vor allem in der Wurzel bringen durch die Anregung des Aufbaus von neuem Hautgewebe Falten und Runzeln zum Verschwinden und werden daher in der Kosmetik vielfach verwendet. Wer die Wurzeln sammeln will, sollte dies im zeitigen Frühjahr oder im Herbst tun, da sie dann die meisten Wirkstoffe enthalten. Bei einem Unfall gibt man in Wasser oder Beinwelltee 20 Tropfen einer Mischung aus vier Tinkturen, die zusammen alles heilen, was verletzt sein kann: Muskeln, Nerven, Blutgefäße, Knochen sowie die Empfindungsseele: Symphytum ∅, Arnica D2, Hypericum D1 und Calendula ∅ zu gleichen Teilen (das Zeichen ∅ bedeutet Urtinktur, d. h. unverdünnt).

Borretsch

Zu den Pflanzen, denen auch ein kalter Sommer nichts ausmacht, gehört der Borretsch (Borago officinalis) mit seinen Trauben himmelblauer, sternförmiger Blüten. Er wird häufig als nektarreiche Bienenpflanze gesät. Man kann die Stengel, Blätter und Blüten essen. Die abgefallenen Blüten kann man täglich sammeln und damit die Salatschüssel verzieren. Das salpetersaure Kalium in dieser Pflanze wirkt entzündungshemmend. Außerdem regt diese Pflanze die Tätigkeit der Nebennierenrinde an. Dies ist vor allem für Menschen wichtig, denen hin und wieder Cortison verabreicht wird – der Borretsch hilft Ihnen, ihr eigenes Cortison herzustellen! Er befreit Sie von Harnsäureablagerungen (Azidose), die zu Rheuma führen, und heilt Nieren- und Blasenentzündungen. Borretsch stärkt außerdem die Nerven; zum Beruhigen nervöser Menschen schneidet man die Blätter in den Salat. Er lindert alle Reizungen, muntert bei Depressionen auf, gibt ruhigen Schlaf, kühlt bei Fieber, stärkt das Herz und wirkt durch Steigerung der Urinausscheidung entgiftend; kurz, er ist eine sehr vielseitige Pflanze.

Man kann mit dem gemischten Gemuse, von dem man täglich ein Glas Saft trinkt, ein Beinwellblatt mitpressen. Außerdem kann man einen Tee daraus bereiten (8 g Blüten oder 20 g Blätter auf einen halben Liter kochendes Wasser). Die Pflanze hat auch einen festen Platz im Blumengarten.

Brombeere

Hinten in meinem Garten stehen wilde Brombeersträucher, wie man sie auch an Waldrändern, auf der Heide und in den Dünen findet. Ihre Blätter sind jetzt braun, und ihre niederliegenden, vom Wind bewegten Triebe scheuern hart aneinander. Wenn die Brombeeren im Winde rascheln, dann wird der Winter streng.

Seien Sie vorsichtig, wenn Sie an ihnen vorbeigehen, damit sich ihre spitzen, leicht gekrümmten und nach unten gerichteten Stacheln nicht in Ihren Kleidern festhaken oder Ihre Haut aufreißen! Eine Brombeerhecke ist der beste Schutz für einen Ort, den man unzugänglich halten will.

Aus diesem Grund hat man in alten Zeiten heilige Orte mit diesem Strauch umgeben. Maria im Dornhag ist eine häufige Bezeichnung für alte Weihestätten, an denen man später Marienbildnisse aufgestellt hat.

Die Stacheln dienen nicht nur als Waffe: Beachten Sie ihre rote Glut! Sie leiten die Feuerkraft, die der auf die Erde niedersteigende Lebensgeist mit sich führt. So stehen die Brombeersträucher als feurige Ritter um ihren Fürsten und geben seine Kraft weiter. Man denke nur an den brennenden Dornbusch in der Bibel! Wo Brombeeren wachsen, da ist eine Kraftquelle.

Die Brombeere (Rubus fruticosus) gehört zum Menschen auf Erden, der die empfangene Kraft zum Handeln einsetzt.

Das Menschliche zeigt sich an den fünfzähligen Blüten, die ja für alle Rosengewächse typisch sind: fünf ist die Zahl des Menschen. Der fünfzackige Stern, der nach oben weist, ist das Zeichen des nach oben strebenden Menschen, der in die fünf Zacken paßt, wenn er mit schräg nach oben weisenden Armen breitbeinig am Boden steht. In alten Initiationshöhlen findet man einen Fünfzack in die Felswand eingehauen, in dem der Mensch bei seiner Einweihung stehen mußte. Der Mensch hat auch zweimal fünf Zehen und zweimal fünf Finger, mit denen er die Erde und den Raum greift.

Fünf ist die Zahl des Willens. Man denke auch an die fünfzählige oberste Blüte bei der Weinraute!

Das Blatt der Brombeere ist drei- bis siebenzählig. Ein fünfzähliges Blatt ist wie eine Hand: die Macht des Menschen über den Stoff.

Jeden Sommer treibt die Brombeere neue lange Schößlinge aus, die im wörtlichen Sinne um sich greifen. Wenn ein Schößling in einer Hecke oder an einem Baum einen hohen Ansatzpunkt findet, wächst er nach oben; berührt er jedoch die Erde, treibt er an dieser Stelle Wurzeln aus, die in den Erdboden eindringen und so eine neue Pflanze entstehen lassen. So steht die Brombeere in Analogie zum Menschen, der sowohl im geistigen wie auch im irdischen Leben aktiv ist, ein strebsamer und fruchtbarer Mensch, der sich an die Begebenheiten anpassen kann und tut, was die Umstände von ihm verlangen.

Aus den jungen Schößlingen kann man einen Tee gegen Hautausschlag ziehen. Aus den frischen Schößlingen, Blättern und Blüten bereitet man durch Überbrühen mit kochendem Wasser ein gutes Spül- und Gurgelwasser für Hals- und Mundschmerzen, Mandelentzündung, geschwollenes Zahnfleisch und Aphten. Die Feuerkraft tötet Krankheitskeime, und die Gerbsäure zieht Schleimhäute und Zahnfleisch zusammen (Mars und Saturn). Die Gerbsäure verbindet den Denkpol und den Lebenspol des mehr oder weniger gespaltenen Menschen und fügt ihn wieder zu einer Einheit.

Sie stärkt die Nerven, u. a. die Verdauungsnerven, trocknet das allzu wässerige (Lymphatische, Vegetative, Mondartige) und ist daher im Brombeerblättertee auch gut gegen Diarrhöe, Weißfluß und Schleimhusten. Im letzten Schwangerschaftsmonat getrunken, stärkt der Brombeerblättertee die Muskeln, die bald das Kind austreiben sollen, und erleichtert und beschleunigt dadurch die Geburt.

Das frische Brombeerblatt kann man mit der weißen Seite auf einen Hautausschlag legen, damit es das Übel herauszieht. Die kleingeschnittene Brombeerwurzel kann man 20 Minuten abkochen und den Sud mit Honig gesüßt gegen Wassersucht trinken; diese Kur einige Monate anwenden.

Die Früchte sind reich an Vitaminen und Mineralen; ein köstliches Nahrungsmittel. Der Saft kräftigt die Gefäßwände. So kann der Mensch die Kräfte der Brombeere übernehmen, um sich selbst und andere zu stärken. Lauschen Sie aber auch ihrem raschelnden Bericht von alten Zeiten, die wiederkehren, dem Raunen der Brombeerschläge um heilige, kraftausstrahlende Orte. Diese Kraft wird über jeden ausgegossen, der sich dafür öffnet – auch heute noch, damit sich der Mensch bewußt werde, in feurigem Gebet und feuriger Tat: Ich bin die Flamme Gottes! Gehen Sie über das Feld und lauschen Sie. Die Brombeeren rascheln im Winde.

Bärlapp

(Lycopodium clavatum, Wolf's Claw, Mousse terrestre, Familie: Lycopodiaceae)

Der Bärlapp ist eine sehr alte Pflanze; zu Beginn des Pflanzenlebens auf Erden wuchsen riesige Bärlapparten. Er ist heute selten geworden und kommt nur noch an abgelegenen Stellen vor. Der Stengel mit seinen feinen Blättern kriecht; die Zweige richten sich auf und tragen manchmal zwei gelbe Ähren mit Sporenkapseln, die die Sporen, ein gelbliches Pulver, enthalten. Dieses Pulver ist aluminiumhaltig. Wenn man es anzündet, explodiert es. Die reifen Sporen kommen in den Boden, und nach etwa sieben Jahren entwickelt sich aus ihnen ein Vorkeim mit männlichen und weiblichen Organen, woraus wieder eine ungeschlechtliche Pflanze entsteht.

In dieser Pflanze wirkt vor allem Pluto, daneben auch Saturn und Neptun. Sie gehört zum Beginn und zum Ende des Lebens der Erde wie auch des Menschen. Man gebraucht sie daher auch überwiegend für Kinder und Alte.

In dem Sporenpulver rollt der Apotheker Pillen, damit sie trocken bleiben. In dieser Form hat es keine Wirkung. Erst durch langes Reiben werden die Umhüllungen der Sporen aufgebrochen, so daß der wirksame Stoff, das Pollenin, frei wird. Es wird in D 12 und höher gegeben und ist leicht verderblich.

Der Menschentypus, der auf Lycopodium anspricht, ist der saturnalische, magere, scharfsinnige und spitzfindig-verstandesmäßige Typus mit schwacher Muskulatur. Der Verstand hat sich auf Kosten des Körpers hoch entwickelt, und dies ist krankhaft. Beim Kind sitzt ein für das Alter zu weit entwickelter Kopf auf einem schwächlichen Körper. Dieser Typus verrichtet am liebsten geistige Arbeit, sitzt häufig still und leidet an Harnsäure. Er ist sehr reizbar: Erst beklagt sich der Kranke, daß sich niemand um ihn kümmert, und wenn dann jemand kommt, wird man so angefahren, daß man sich lieber wieder zurückzieht. Das Typische für diese Menschen ist, daß sie ständig eine Gelegenheit suchen, mit den Menschen in ihrer Umgebung ihre Kräfte zu messen; körperlich die Schwächsten, versuchen sie, ihre geistige Überlegenheit auszuspielen: die Machtfrage von Pluto und die Autoritätsfrage von Saturn. In Kinderjahren und im Alter sind sie leicht die Unterlegenen. Wenn jemand von über siebzig von seinem eigenen Personal schikaniert wird, weil sein eigenes Ich zu schwach ausstrahlt, kann mit einigen Körnchen Lycopodium D 30 oder 200 (einmal im Monat) die Rollen wieder vertauschen. Lycopodium hat nämlich einen starken Einfluß auf den Kraftstrom, der beim Anus beginnt und nach oben zum Gehirn aufsteigt. Dieser Kraftstrom stärkt das Ich. Wenn der Strom zu schwach wird, so daß das Ich sich nicht mehr gegen kräftigere Ichs zur Wehr setzen kann, dann weicht man der Konfrontation mit anderen Ichs aus. Dann wird manchmal der Anus zu stark angespannt, um die Kraft nach oben zu schieben. Durch diese Anspannung wird der Stuhlgang behindert. Ein typisches Erscheinungsbild!

Bei älteren Menschen kann der Strom häufig das Gehirn nicht mehr ausreichend ernähren; man wird dann vergeßlich und kann die richtigen Worte nicht mehr finden, beginnt Dinge zu verwechseln. In diesem Fall kann Phosphor helfen; das allgemeiner wirkende Mittel ist jedoch Lycopodium. Bei dem Lycopodium-Typus ist häufig die Leber von der Anlage her schwach. Dies führt häufig durch eine unvollständige Verdauung zu Blähungen und Geräuschen, vor allem im Unterleib. Parallel dazu gibt es häufig Ärger mit Untergeordneten oder Schülern. Dies hängt alles miteinander zusammen. Man stellt häufig auch fest, daß ein solcher Patient hungrig zu Tisch geht, dann jedoch nach einigen Bissen sofort gesättigt ist. Ein typischer Fall für Lycopodium! In der Nase entstehen immer wieder neue Häute.

Die rechte Körperhälfte hängt mit dem Verstand zusammen und ist bei diesem Typus daher auch die aktivere, bei der alle Prozesse beginnen. Schmerz geht z. B. von rechts nach links. Der rechte Fuß wird kalt, wenn der linke noch warm ist.

Lycopodium hilft auch bei Brüchen auf der rechten Seite. Eine weitere typische Erscheinung von Lycopodium ist der rötliche Urin mit einem sandähnlichen Niederschlag. Bevor dieser erscheint, hat man manchmal Schmerzen in den Nieren, d. h. im Rücken. Der rote Sand kann das erste Anzeichen von Nierengrieß oder Nierensteinen sein.

Schließlich ist Lycopodium auch das Mittel der Wahl bei bestimmten Arten von Bronchitis und Lungenentzündung, und zwar denjenigen, die auf der Kombination von geistiger Arbeit, Stillsitzen und schlechter Luft beruhen oder auf Verbrennungsprodukte des Gasherds oder des Autos zurückzuführen sind. Es beginnt bei der trockenen Erkältung mit einer verstopften Nase; dann setzt sich in der Luftröhre dichter, gelber oder grüner Schleim fest. Der Patient hat Atemnot, und seine Nasenflügel blähen sich bei dem Bemühen, mehr Luft zu bekommen. Typisch ist hierbei, daß der Schleim salzig oder bitter schmeckt, und daß man sich in der Zeit zwischen 16.00 und 20.00 Uhr am elendsten fühlt. Die Haut kann eine gräuliche Färbung aufweisen mit gelblichen oder braunen Flecken; man fühlt sich müde und schwach und hat großen Bedarf an frischer Luft.

Lycopodium ist ein ausgezeichnetes Mittel gegen die psorischen Saturnleiden, das Mittel für die wenig lebenskräftigen Intellektuellen.

Bärlapp. Lycopódium

Gänsefußgewächse

Die Rune

Der Gänsefuß als Rune ist die untere Hälfte des Lebensbaums: der Stamm mit den drei Wurzeln, die die Unterwelt umschließen. Die mittlere Wurzel zeichnet man etwas länger, und wenn man dann deren Ende mit den Enden der beiden anderen Wurzeln verbindet, erhält man in etwa die Form des Blattes, die einige Pflanzen der Familie der Gänsefußgewächse aufweisen. Dies ist auch die Form des dreizehigen Fußes der Gans. Die Friedensbewegung gebraucht diese Rune als das Todeszeichen.

Wie die Leser meines Buches »Verborgene Weisheit des Märchens« wissen, ist die Rune das Symbol des Winters, des Todes und der Unterwelt, der Wurzel, des Denkens und der Abstraktion, kurz: von Saturn. Sie gehört zu der germanischen Göttin Berchta, die die Seelen der Verstorbenen empfängt und die die Wintermonate regiert. Sie ist die mythische Figur, die später mit der historischen Bertha mit dem Großen Fuß, der Mutter Karls des Großen verschmolzen wurde. Diese Doppelfigur lebt im Volk als Mutter Gans fort.

Nun sind diese Pflanzen in der Tat ein Produkt, in dem die Kräfte von Saturn und Mond, von Denkpol und Lebenspol, von Wurzel und Blatt in gewisser Weise zusammenwirken; man kann sagen, daß diese Pflanzenfamilie die Achse Saturn–Mond bildet. Ihrem Wesen nach entgegengesetzt (Schrumpfung und Ausdehnung, trocken und naß, Tod und Leben, Abstraktion und Konkretion), halten sie zusammen das lebende Geschöpf im Gleichgewicht. Die Wurzel kann die Minerale mit Hilfe des Wassers, in dem sie gelöst sind, aus dem Boden aufnehmen, und der von den saftigen Blättern hergestellte Zucker wird z. B. bei der Roten Bete und der Zuckerrübe in der Wurzel gespeichert. So wirken die saturnalische Wurzel und das Mondblatt zusammen.

Salzpflanzen

Zu den Gänsefußgewächsen (Chenopodiaceae) gehören die Salzpflanzen, u. a. der eßbare Queller, die ebenfalls eßbare Gartenmelde, der Spinat, die Rote Bete, die Zuckerrübe und die Futterrübe, der römische Kohl und der Mangold. Eine sehr nahrhafte Familie! Sie sind sehr reich an mineralischen Salzen, an Sal. Im Schema des Menschen und der Pflanze unterscheiden wir ja mit Paracelsus zwei Pole und ihre Verbindung:

Sulphur, Sal und Merkur

Der Sulphur oder Schwefel, einer der Urstoffe, in dem das Leben entsteht (Eigelb!), gehört zum Mond, zum Lebenspol, zur Blüte der Pflanze und den Geschlechtsorganen des Menschen; er ist der Inkarnationspol. Er trägt die Schöpfungskraft der Sonne in den Stoff, Sul-fer = Sol-fer = Sonnenträger.

Das Sal oder Salz ist die Konzentration der Kraft, die zu Saturn und zum Denkpol gehört, zur Wurzel der Pflanze und zum Haupt des Menschen. Merkurium oder Quecksilber dient der Zirkulation zwischen den beiden Polen; es gehört zu Merkur, zum Stengel mit den Blättern, zum Strom der Säfte. Nun sind die Salzpflanzen (Halophyten) aus dieser Familie so salzliebend, daß sie vorzugsweise an der Meeresküste wachsen, z. B. der Queller (Sal-icornia) und das Salzkraut (Sal-sola), die viel Natrium enthalten. Aus ihrer Asche wird Soda gewonnen, und sie sind alle reich an Kalisalzen. Außerdem wachsen sie gerne in der Nähe des Menschen. Die Salzpflanze und der Queller haben die Fleischigkeit von Blättern, die viel Wasser enthalten müssen, um die Salze darin bewahren zu können (wenn man den Queller eine Weile in Süßwasser gelegt hat, kann man ihn schmoren und essen). Hier sehen wir deutlich, daß Mond (Wasser) und Saturn (Salze) zusammenwirken.

Rote Bete

Die Rote Bete weist eine Wurzel (Denkpol) auf, die sich stark mit Kräften verbunden hat, die eigentlich zum Lebenspol, der Blüte gehören: der roten Farbe und dem Zucker. Sie ist deshalb wassersüchtig, angeschwollen.

Hieraus ergibt sich, daß die Pflanze eine gute Arznei ist für diejenigen Krankheiten, bei denen das Gleichgewicht zwischen den Polen gestört ist. Rote-Bete-Saft ist daher auch ein ausgezeichnetes Heilmittel, sowohl bei Krebs (Übergewicht des Lebenspols) als auch bei Multipler Sklerose (Übergewicht des Denkpols). Der MS.-Patient ist durch zu wenig Mondliebe (Anhänglichkeit, Verzärtelung, Kosen, Geselligkeit) verdorrt; gibt man ihm Rote-Bete-Saft, dann koppelt sich sein starker Saturn an die Wurzel an, aber Wasser und Zucker (Lebenspol) kommen mit. Der Krebspatient dagegen besitzt einen wuchernden Lebenspol, da er keinen Abflußweg nach draußen hat; der Mond in den Roten Beten greift direkt nach dem Wasser und dem Zucker, jedoch kommt die Wurzelkraft mit. Dies hilft ihm, sich des Gefühlsüberschusses bewußt zu werden, diesen zu formulieren und zu Weisheit zu abstrahieren.

Die Rote Bete enthält weiterhin reichlich Saponine und Pektine sowie den radioaktiven Stoff Rubidium; letzterer trägt zur Heilung derjenigen Krebsarten bei, die durch radioaktiven Niederschlag von Atombombenexplosionen entstehen, z. B. Blutkrebs (Leukämie) und Knochenkrebs. Die drei vorgenannten Stoffe regen die Verdauung an und sind gut für die Blase und die Haut.

Wurmmittel

Die Rote Bete und die Karotte (gleiche Kombination der Pole, orange und süß gehören zur Blüte und zur Frucht, zum Lebenspol!) bilden roh gegessen ein gutes Mittel gegen Würmer, die bei Kleinkindern im Mond-Lebensalter (0–7 Jahre) so häufig sind (bei Vollmond auf nüchternen Magen nur Rote-Bete, Karotte, Zwiebel!). Auch das nordafrikanische Gänsefußgewächs Chenopodium anthelminticum enthält in Blatt und Samen ein Öl, das gegen Eingeweidewürmer angewendet wird. Welcher Zusammenhang besteht hier?

Darmparasiten leben und vermehren sich nur in einem Milieu mit überflüssiger Mondkraft, d. h. relativ zuwenig Saturn. Es würde jedoch nichts nützen, nur rein saturnalische Produkte zuzuführen; diese werden nicht aufgenommen. Der Schlüssel zur Überwindung dieser Schwierigkeit liegt in der Mondkomponente der roten oder gelben Wurzel, in dem Stück Lebenspol. Das Saturnalische kommt mit, hemmt die Vermehrung und lähmt die Parasiten. Nun versteht man auch, warum Würmer am häufigsten bei den noch wenig denkenden, noch im Lebenspol aufgehenden Kindern vorkommen, und warum das Volk sagt, daß Würmer (und Läuse) bei »einem Überschuß an Gesundheit vorkommen«!

Spinat

Ein herrliches Gemüse sind Römischer Kohl, Mangold, Melde, sowie Laub und Stiele der Roten Bete. Man zerkleinert sie und schmort sie mit feingehackten Zwiebeln in etwas Öl. Spinat ist am bekanntesten, wird wegen seines Reichtums an Eisen viel gepriesen, ist aber doch nicht immer ein gesundes Gemüse! Er wird durchwegs stark mit Stickstoff gedüngt, wodurch er vergiftet wird. Viele Menschen sind im Frühjahr spinatkrank!

Außerdem enthält Spinat ebenso wie Rhabarber, Sauerampfer und die Tomate viel Oxalsäure: Diese kann man durch Kombination mit Eiern neutralisieren. Das ist der Grund, warum man Spinat mit Spiegelei und Rhabarber mit Eischaum ißt.

Die Oxalsäure behebt Verstopfungen in den Saftströmen und hilft bei der Inkarnation, sie verstärkt den Mond. (Kleinkinder essen gerne Sauerklee auf dem freien Feld.) Die Oxalsäure ist als pflanzlicher Vorläufer der Ameisensäure im Tierreich zu betrachten, die durch Ameisen und Bienen erzeugt wird und der große Gegenspieler der Harnsäure ist (Formika-Spritzen gegen Rheuma!). Menschen, die durch einen starken Saturn sehr Ichbewußt leben, stellen aus den Eiweißen ihrer Nahrung viel Harnsäure her, die dieses Ich-Bewußtsein unterstützt. Ihr Denkpol verstärkt sich häufig auf Kosten ihres Lebenspols, ihres Mondes und ihres Marses. Dann entsteht auf die Dauer ein Mensch mit einem klaren, aktiven Denkhaupt auf einem steifen, durch einen Überschuß an Harnsäure vergifteten Körper. Ein solcher Patient braucht Oxalsäure und Ameisensäure, um seinen Lebenspol anzuregen (Honig essen!). Die fleißigen Ameisen und Bienen haben einen starken Mars! Der Stich der faulen Wespe (Lebenspol) ist alkalisch; daher den Stich mit Säure (Essig, Zitronensaft) behandeln. Der Stich der fleißigen Biene (Denkpol) enthält Ameisensäure; daher ein basisches Mittel anwenden (Salmiak). Für den rechten Eierstock gibt man Apis (Biene), für den linken Vespa (Wespe).

Die Spinatwurzel (reich an Saponin und Eisen) mit Sassafras ist die Grundlage einer anthroposophischen Arznei gegen bösartige Anämie, bei der Mars durch die Herstellung von Gallenfarbstoff zu viel Blattfarbstoff verbraucht.

Rose und Lilie

Fünf ist die Zahl des Menschen. Mit gespreizten Armen und Beinen paßt der Mensch in ein regelmäßiges Fünfeck. Der Mensch hat zweimal fünf Finger und zweimal fünf Zehen. Darin drückt sich sein Wesen aus.

Zeichnen Sie einmal ein regelmäßiges Fünfeck mit einem einbeschriebenen Fünfstern und lassen Sie diese Figur auf sich einwirken. Betrachten Sie die fünf Winkel von 72°, die Quintile, um den Mittelpunkt.

Vergleichen Sie den fünfzackigen Stern einmal mit dem sechszackigen (sechs Sextile). Der sechszackige ist in statischer Ruhe (Venus). Der fünfzackige dagegen ist in dynamischer Bewegung (Merkur). In der fünf entsteht das Bewußtsein! Dies erkennt man bereits, wenn man fünf Punkte zeichnet, wie sie auf einem Dominostein angeordnet sind: vier an den Ecken eines Quadrats und einen im Schnittpunkt der Diagonalen. Die Vier, die vier Elemente, bilden die ruhende Materie. Mit diesen geschieht etwas, wenn der Geist als fünfter Faktor, als Quintessenz, als das Be-wußt-sein des Stoffs die Mitte ausfüllt.

Nun kommt etwas in den Stoff, das über (be-) die eigene Gestalt hinausragt und weiß (-wußt) und was sie ist (-sein).

Fünf ist die Zahl der wilden Rose.

Sechs ist die Zahl der Lilie.

Die Rose gehört zum Menschen, während die Lilie unirdisch ist, himmlisch, kosmisch. (Die Lilie, die in der Verkündigungsszene neben Maria abgebildet wird, weist darauf hin, daß Marias Seele zum Himmel gerichtet war.) Die Lilie bildet nur wenige Wurzeln, ernährt sich aus ihrer Zwiebel, ihrem eigenen Kosmos. Sie blüht auf Erden als ein Geschenk des Himmels, jedoch ohne sich mit der Erde einzulassen; sie ist jenseits von Gut und Böse. Sie bedeutet Reinheit.

Die Rose dagegen wurzelt gerade so viel, daß ein Gleichgewicht zwischen Himmel und Erde erreicht wird. Sie ist ein Zeichen der Harmonie, eine Ausprägung des Geistfeuers der Sonne im Herzen des Menschen. Sie ist ein Zeichen der Liebe. Die Rose steht mitten im vollen Leben. Sie breitet ihre Zweige mit den fünfzähligen (manchmal siebenzähligen) Blättern nach allen Seiten aus. Sie duftet und sticht; sie gibt sich zwar hin, muß sich aber auch wehren, um sich im Lebenskampf behaupten zu können. Sie gibt sowohl die Liebe als auch den Schmerz. Sie birgt das große Geheimnis in sich (»sub rosa«, das Geheimnis des menschlichen Glücks, das in dem Gleichgewicht liegt, das durch die heilige Ehe der Pole erworben wird.

Die Rose gehört zu dem Menschen, der bereit ist, für das Glück zu leiden, der das Leben in seiner Fülle umfaßt, hier und jetzt. Sie ist die Pflanze des Menschen, der auf Erden lebt mit der Erkenntnis Gottes in seinem Herzen.

Wir Menschen sind nicht allein wegen der Vier auf Erden, um mit der Materie zu spielen, sondern um die Fünf in die Materie einstrahlen zu lassen, damit sie lebendig und leuchtend wird, strahlend und duftend wie die lebende Rose.

Die Lilie spricht, ruhig und fest: Reine Wahrheit.

Die Rose spricht: Es gibt so viele Wahrheiten; es hängt nur vom Standpunkt ab, von dem aus man alles betrachtet. Ich kann nicht so objektiv sein; ich trachte jedoch danach, in meiner Subjektivität die Liebe weiterzugeben.

Fünf ist die Zahl des menschlichen Willens.

Pflanzen mit fünf Blütenblättern stärken den Willen, damit er die Seelenkräfte und die vier Elemente um sich zum Gehorsam verpflichtet, wie der Fürst die Ritter seines Hofes. Denken Sie an die oberste fünfzählige Blüte der Weinraute, die die vierzähligen beherrscht, den Willen zum Zuchtmeister der Triebe macht, damit man nicht vom Wein betrunken wird! Alle Rosengewächse mit fünfzähligen Blüten wirken daher auch leicht zusammenziehend und geben Selbstbeherrschung: die Brombeere und der Apfel, das Gänsefingerkraut, der Tormentill, der Frauenmantel und das Fünffingerkraut.

Das Blatt des Frauenmantels, das in seiner Mitte einen Tautropfen enthält, zeigt sehr deutlich die Konzentration auf die Mitte, das Bild des Ich-Willens. Der Frauenmantel zieht nach der Geburt die Gebärmutter zusammen, während die Lilie sie reinigt.

Fünf ist die Zahl des Menschen, der sich selbst und das Leben beherrscht, das Bild des königlichen Menschen. Fünf zusammengezogen in eins und eins ausstrahlend in fünf, das ist die Sonne (eins) als die Mitte der Glyphe von Merkur (der Geistesfunken im Herzen), der Schale des Mondes über ihr und dem Kreuz des Stoffes unter ihr: der Geist zwischen Seele und Leib, der Äther und Stoff zusammenhält. Bei jedem Atemzug zieht die in uns einströmende Sonnenkraft Äther und Stoff zusammen, so daß unser Äther- oder Lebensleib sich fest über unseren stofflichen Leib spannt. Wenn wir dereinst unseren Geist aushauchen, trennen sich Äther und Stoff wieder völlig voneinander.

Fünf ist die Zahl des Menschen als Magier, der Macht und Kraft des Menschen, solange er den Geist Gottes im menschlichen Leben ausdrückt.

Fünf ist die Zahl des Menschen als Schöpfer (fünftes Haus!), als Künstler, der darum ringen muß, das Feuer durch die Materie zu führen, damit er seine Spur hinterläßt.

Fünf ist die Zahl des Lebenskampfs – wer bis zum Ende durchhält, wird mit Rosen gekrönt!

Braunwurzgewächse

Kräuter von Liebesleid und Entfremdung

Wie bei Tieren kann man auch bei Pflanzen bestimmte Menschentypen oder auch bestimmte menschliche Eigenschaften, Probleme oder Leiden erkennen. Meist ist eine Pflanze dann auch das Heilmittel für dieses Leiden. Man nehme nur einmal die Familie der Braunwurzgewächse (Scrophulariaceae), der u. a. das Leinkraut und das Gartenlöwenmaul, das Gottes-Gnadenkraut, die Knotige Braunwurz, der Wald- und der Bachehrenpreis, der Steife Augentrost, die Filz-Königskerze und der Rote Fingerhut angehören. Letzterer ist giftig, jedoch bereitet man aus ihm wirksame Arzneien.

Verschiedene Kräuter aus dieser Familie werden gegen Gelbsucht, Hämorrhoiden, Ekzeme, Herz- und Nierenleiden gebraucht. Dies läßt uns sofort an emotionale Störungen, Frustrationen, enttäuschte Liebe und Liebeskummer denken.

Gelbsucht hängt zusammen mit unterdrücktem Groll, mit Marskraft, die sich nicht äußern kann. Wenn man z. B. nicht wagt, den Eltern oder dem Chef die Meinung zu sagen und seinen Ärger in sich hineinfrißt, dann schlägt diese Kraft nach innen und auf den Körper zurück.

Hämorrhoiden sind Schwellungen der Venen gleich den Krampfadern in den Beinen; das venöse (verbrauchte) Blut kann nicht weiterströmen. Parallel dazu werden unangenehme Gefühle vom Ich festgehalten, anstatt zum Altar Gottes, zum Herzen getragen zu werden. Eine Venus-Saturn-Affliktion.

Ein Ekzem ist in vielen Fällen auch Ausdruck der Unfähigkeit, Emotionen zu verarbeiten bzw. auszuleben. Die Kraft der Venus, die Liebe, die sich entfalten will und zu diesem Zweck auf ein anderes Wesen gerichtet, aber nicht angenommen wird, schlägt dann als Gift auf den eigenen Körper zurück. Wenn man eine Enttäuschung abreagieren kann, führen die Nieren das Gift ab. Noch besser ist es freilich, wenn man das Geschehene verarbeitet und versteht und damit zu Menschenkenntnis, Selbsterkenntnis und Weisheit sublimiert; dann wird das Gift in eine schöpfende Kraft einer höheren Ebene umgesetzt. Wenn jedoch das saturnalische Ich, die Eigenliebe, auf die erlittene Unbill mit

Verbitterung und Selbstmitleid reagiert, wenn das Ich nicht zur Besinnung kommen will, weil es sich in seiner Rolle als Opfer zu wohl fühlt, dann hält man das Gift in sich, das dann häufig die Haut befällt. Die Haut ist ein Venusorgan, da sie Liebkosungen empfängt, und gleichzeitig ein Saturnorgan, da sie den Körper nach außen begrenzt und abschließt. Dies ist der Grund, warum sich Venus-Saturn-Konflikte so häufig über die Haut äußern. Psoriasis (Schuppenflechte) z. B. ist eine Krankheit von Menschen, deren Liebe durch den Partner zurückgewiesen und enttäuscht wird. Wie geschieht so etwas? Häufig liegt die Ursache darin, daß die Liebe in einer Art angeboten wird, die nicht zum Partner paßt, bei ihm also keinen Ansatzpunkt findet. Man gibt dasjenige, was man selbst empfangen möchte (zu saturnalisch-egoistische Einstellung), während der Partner ganz anders ist und daher eine ganz andere Art Liebe verlangt, ganz anders angesprochen werden muß. Solche Menschen geben Geschenke, die dem anderen keine Freude bereiten, weil er sie nicht braucht oder weil sie seinem Geschmack nicht entsprechen, und sie beklagen sich dann über die Undankbarkeit.

Diese Menschen müssen lernen, daß die Enttäuschung durch sie selbst verursacht wird. Das Tragische bei den psoriasischen Patienten ist, daß sie erst ihre Liebe ohnehin nicht äußern können, weil sie zu egozentrisch eingestellt sind (psychologische Unwissenheit), und dann auch noch wegen ihrer schilfernden Haut als erotischer Partner verschmäht werden. Dies ist für sie die harte, bittere Lektion, die zur Einsicht führen muß. Häufig werden solche Menschen durch das Leben an einen ähnlichen Partner gebunden, so daß sie aneinander lernen können. Z. B. möchte der eine flirten, der andere sublimieren; da sie beide stur bleiben, werden beide frustriert. Ein Mann, der selbst gerne Klavierunterricht nehmen wollte und dies auch tat, zwang in seiner Kurzsichtigkeit seine Frau, die sich viel lieber im Haushalt beschäftigte, ebenfalls Klavier zu lernen. Sie rächte sich mit der gleichen Kurzsichtigkeit, indem sie ihm zum Geburtstag einen neuartigen Schrubber schenkte.

Herz- und Nierenleiden sind die unmittelbare Äußerung und Begleitung von Kummer, den man weder äußern noch verarbeiten kann. Dieser wird zu einem Gift, das die Nieren, die es ausscheiden müssen, krank macht.

Betrachten wir uns nun die Braunwurzgewächse näher.

Die Blüte des Leinkrauts (Linaria vulgaris), auch Kleines Löwenmaul genannt, besteht aus zwei Lippen, die sich fest aufeinander pressen – genau wie die Lippen eines Ehepartners, der sich ungerecht behandelt fühlt. Wenn sich ein Insekt auf die Unterlippe setzt, wird diese durch das Gewicht nach unten gezogen, so daß das Tier in die Öffnung eindringen kann und den Stempel befruchtet. Nach dem Rückzug des Tiers zeigt die Blüte wieder ihr verschlossenes, mürrisches Gesicht. Genauso vollzieht sich das sogenannte Liebesleben solcher Ehepartner. Das Leinkraut besitzt einen langen Wurzelstock – es trägt all seinen Kummer woanders hin, »zu jemandem, der es besser versteht.«

Anzuwenden ist der Tee aus dem Leinkraut (Herba Linariae beim Apotheker) bei Gelbsucht und bei Schwäche des Schließmuskels (häufig bei alten Menschen); das Leinkraut schließt sich ja gut, es gibt seinen Kummer, die giftigen Abfälle seines Gefühlslebens nicht ab!

Das Gesicht der Knotigen Braunwurz (Scrophularia nodosa) ist in anderer Weise grimmig. Die spitz zulaufenden Blätter sind kreuz-gegenständig am Stengel angeordnet. Die Pflanze ist hart und mürrisch und davon überzeugt, daß sie ein Kreuz ist und ein Kreuz trägt. Oben erscheinen knotige Blüten, die oben braun und unten gelb sind; dazwischen sitzt ein dicker Pfropf Staubfäden. Sie riechen unangenehm. Der Wurzelstock ist verdickt. Es ist, als ob die Pflanze sagen würde: Ich gebe jedenfalls nicht nach!

Wozu dient nun diese Pflanze? Aus dem Wurzelstock wird eine Salbe gegen Hämorrhoiden gemacht. Aus dem Kraut kann man einen Tee gegen alles Knotige (daher der Artsname Nodosa) bereiten, gegen Skrofeln (Scrophularia!), vor allem auch gegen eine vergrößerte Schilddrüse und Ekzeme. Im allgemeinen schwellen Drüsen an, wenn sie Gifte aufsaugen, Gifte aus bitteren und gehässigen Gedanken, von denen man sich nicht befreien will. Die Schilddrüse schwillt an, wenn man sie überanstrengt, weil man seine Arbeit nicht in voller Liebe verrichtet, sondern sein Ich zurückdrängt. Das nämliche Leiden stellt sich ein, wenn man eine Geschlechtsgemeinschaft ohne Liebe eingeht, ohne rechte Freude, ohne wahre Hingabe – dann tritt kein stärkender Austausch ein, sondern nur Erschöpfung.

Das Gottes-Gnadenkraut (Gratiola officinalis) ist etwas freundlicher. Auch diese Pflanze hilft denjenigen, die keinen Abfluß für ihr Gefühl, d. h. also Wassersucht haben, oder die vor Ärger eine Gelbsucht bekommen, wenn also eine Venus oder ein Mars sich nicht äußern kann. Der Tee aus diesem Kraut schenkt denjenigen Gnade, die die Heilung nicht aus sich selbst zustande bringen wollen oder können.

Der Wald- oder Echte Ehrenpreis (Veronica officinalis) hat hübsche blaue Blüten, wie unschuldige Kinderaugen, die sich ganz zur Sonne öffnen. Sie fallen jedoch leicht ab (daher heißt die Pflanze auch Männertreu). Sie heilt den kindlichen Menschen, der nicht verstehen kann, warum die Ehe so unglücklich ist. Die Wünsche des viel tiefer empfindenden Partners konnte er nicht erfüllen; nun leidet er an Lungentuberkulose, dem Dahinsiechen an einer unglücklichen Liebe, oder vielleicht erst noch an Bronchitis, mit der ein solches Leiden beginnt. Man gebe diesem Menschen umgehend Tee aus Ehrenpreis! Vielleicht äußert sich der Kummer auch in Asthma (die Unfähigkeit, sich zu entspannen, wobei nicht richtig ausgeatmet wird) oder vielleicht hat die Vergiftung der Seele eine Nierenbeckenentzündung oder ein Ekzem verursacht. Für alle diese Leiden, vor allem auch bei jüngeren Menschen und Kindern, ist Ehrenpreis ein ausgezeichnetes Heilmittel.

Der Bach-Ehrenpreis (Veronica beccabunga) ist der am Wasser wohnende Vetter des Wald-Ehrenpreis. Auch er heilt die Stauungen der Gefühlsfrustrationen: Wassersucht, Ekzem und Leberstauung. Er ist reich an Vitamin C, dem Vitamin der Venus.

Der Augentrost (Euphrasia officinalis). Er wächst im Gras und saugt heimlich Lebenssäfte aus den Wurzeln anderer Pflanzen, obwohl er diese selbst auch herstellt. Die weiß-violett gestreiften Blüten besitzen zwei Lippen, die jedoch nicht grimmig zusammengepreßt werden. Es ist eine Wein-Blume, gut für alle, bei denen das Gift des Liebeskummers durch die Augen (Emunctorium, wie es Paracelsus nannte) im Tränenstrom abgeführt wird. Wer keine bitteren Tränen weinen kann, bekommt durch das Gift eine Augenlidentzündung oder andere Schleimhauterkrankungen (Bronchitis). Auch Gelbsucht oder ein Ekzem sind möglich. (Entzündungen kommen von einer frustrierten Venus in einem Feuerzeichen, während eine geschwollene Drüse zu Venus in einem Wasserzeichen gehört.) Für alle diese Leiden sowie auch für die Zuckerkrankheit (Venus-Jupiter-Konflikt) bereitet man Tee aus Augentrost. Man kann diesen auch durch ein Tuch abseihen und damit die Augen betupfen – ein wahrhaftiger Augentrost!

Die Filz-Königskerze und die Kleinblütige Königskerze, zwei Verbascum-Arten, sind imposante Pflanzen mit offenen gelben

Blüten und filzigen Blättern. Die Blüten werden bei Halsschmerzen in einem gemischten Kräutertee ausgezogen. Das Filzige weist häufig auf Linderung hin!

Der Rote Fingerhut (Digitalis purpurea), der das bekannte Herzmittel liefert, ist wiederum eine jener verschlossenen Saturnpflanzen, die im Schatten ihre purpurnen Fingerhüte mit dem gefleckten Schlund, der etwas Unheilverkündendes hat, einzeln öffnet; sie ist stark giftig. Sie gehört zu Herz-Asthma, dem Sonne-Saturn-Quadrat oder der Konjunktion. Für den Menschen, der schwer an seiner Verantwortung trägt, dessen saturnalisches Ich sich für unersetzlich hält und nichts Gott (der Sonne, dem Herzen) überlassen kann, der sich also die Lebenswärme versagt und die Liebe der Pflicht opfert.

Betrachten Sie die Angehörigen dieser lehrreichen Familie! Achten Sie darauf, welche früher und welche später im Sommer blühen: Je ruhiger die seelische Einstellung, desto später im Sommer erfolgt die Blüte, d. h. in einem reiferen Zeichen des Tierkreises.

Fingerhut (Digitalis purpurea, lutea)

Es ist Juni. Ich sitze schreibend in meinem Zaubergärtchen, an der einen Seite eine Reihe üppig rosa und rot blühender Rosensträucher vor dem Hintergrund dunkler Bäume. Vor mir an dem mit dunkelgrünem Efeu bewachsenen Mäuerchen, beschützt und still in der Morgensonne, die ernsten, purpurnen Blütenstengel des Fingerhuts. Wie ein erhobenes Szepter in Königshand erhebt er sich feierlich aus seinen Blättern und trägt die langen Glocken, die oben noch geschlossene Knospen sind. Der Fingerhut beginnt ja von unten zu blühen, während ein hemmendes Hormon die oberen Knospen noch geschlossen hält. Während die unteren Blüten nach und nach verwelken und abfallen, entfalten sich oben Knospen, die allmählich durch die Sonne immer tiefer purpurn gefärbt werden. Sieben Glocken sind gleichzeitig geöffnet. Geheimnisvoll lockt das Honigzeichen (dunkelrote Flecken auf bleichem Blütengrund) die Insekten an, die tief im Inneren den Nektar saugen. Dies sind meist Hummeln, die mit ihrem dicken, behaarten Leib in die Glocke kriechen. Mit ihren Haaren, die vielleicht mit Blütenstaub einer anderen Blüte befrachtet sind, streichen sie an dem klebrigen Stempel vorbei, der sich verdeckt unter der Oberseite der Glocke erstreckt.

Die Hummel paßt genau in die Öffnung; sie ist der besondere Freund des Fingerhuts. Biologen haben entdeckt, daß quer durch Europa eine Hummelstraße verläuft, ein Streifen, in dem der Fingerhut in Wäldern und Gärten üppig wächst und in dem auch die Hummeln am häufigsten sind. Vielleicht verläuft dort in der Erdkruste und in der darüberliegenden Atmosphäre eine sogenannte magnetische Linie, eine bestimmte Schwingung, die auf die gleiche kosmische Kraft abgestimmt ist wie die Hummeln und der Fingerhut. Der erste Eindruck, den der Fingerhut auf den Betrachter macht, ist der einer nach innen gekehrten Pflanze, des ernsten Bewahrers eines großen Geheimnisses, des Geheimnisses seiner Kraft, die mit Weisheit eingesetzt werden will. Die Berührung der Pflanze ist giftig, und Mütter warnen nicht ohne Grund ihre Kinder, daß sie niemals die Finger in einen solchen Fingerhut stecken dürfen. Das Gift aus Blatt, Blüte und Samen liefert jedoch in verdünnter Form das Herzmittel Digitalis, das vor allem aus der gelbblütigen Art gewonnen wird. Die Wirkung ist herz- und gefäßkräftigend, beruhigend und wassertreibend. Es werden also Herz und Nieren angesprochen, in denen das Ich seinen Sitz hat. Heißt es nicht: jemanden auf Herz und Nieren prüfen...? Die Pflanze hilft also dem Ich, inkarniert zu bleiben; sie verlängert seine irdische Existenz. Blumen in einer Vase bleiben länger frisch, wenn man dem Blumenwasser etwas Fingerhut-Tee zusetzt. Saturn, der Haltbarmacher und gleichzeitig auch der Tod, ist die kosmische Kraft, die sich in dieser Pflanze offenbart und ihre ernste Fixierung auf die Materie ausdrückt: Jede Glocke des Fingerhuts blickt nach unten.

Er ist eine Pflanze für die Stille, die nicht in einen stark frequentierten öffentlichen Park paßt. Sie sucht die schattigen Wälder und stillen Gärten Mitteleuropas, wo sie den Bäumen, vor allem den Nadelbäumen, ein längeres Leben verleiht. Sie liebt auch die sonnige Stille von Inseln, die von niemandem besucht werden. Ich erinnere mich an eine Insel der Scilly-Gruppe an der Südwestspitze Englands im Atlantischen Ozean: Sie war unbewohnt und ganz mit purpurnem Fingerhut bedeckt, der in der strahlenden Sonne der Subtropen leuchtete.

Der Golfstrom verleiht diesem Gebiet die Glut der warmen Sommer und der milden Winter, in denen schon im Dezember die Narzissen blühen. Im angrenzenden Cornwall stehen die Ruinen von König Arthurs Schloß in Tintagel und viele Menhire und Steinkreise aus der keltischen Kultur. An der Küste der Scilly-Inseln, wo sich die Meereswellen in Schaumfächern brechen und die Seevögel nisten, liegen noch die Gräber der keltischen Könige, die heute leergeraubt sind. Dort fand man als Grabbeigaben goldene Stirnbänder und andere Schätze. Auf jeder Felsplatte, die ein Grab deckt, sitzt eine Möwe, wie wenn in ihr der Geist des Fürsten fortlebte, der dort einmal auf den »Inseln der Seligen im Westen« beigesetzt wurde. Vielleicht sind die Scillis wie die Azoren, die Kanarischen und die Kapverdischen Inseln aus dem Wasser herausragende Berggipfel des versunkenen Atlantis Die Geheimnisse, die der Fingerhut bewahrt, könnten durchaus mit einem heiligen Zeremoniell zusammenhängen, das einst die Druiden in der heute unergründlichen Vergangenheit feierten. Der Fingerhut hütet die Geheimnisse des altkeltischen Europas. Er blickt uns an, als ob er sagen würde: Ich weiß viel, aber ich gebe mein Geheimnis nicht preis. Ich warte, bis der westliche Mensch auf seinem Irrweg umkehrt und wieder meine Sprache versteht. Bis dahin wähle ich meine Heimat in den Gärten der weisen Frauen und wispere ihnen in Mondnächten meine Weisheit zu.

Geißblatt (Lonicera caprifolium)

Das Geißblatt ist ein Strauch mit schwachen Stämmen, die sich umeinander und um eine Stütze in der Nähe winden; so findet man es auf der Heide als liebliche Verzierung am Stamm junger Eichen. Im Frühjahr öffnen sich seine creme-rosafarbenen Blüten mit den langen, heraushängenden Staubfäden und verströmen an warmen Mondabenden einen betörenden Duft, der Liebe, Zärtlichkeit und Zuneigung weckt. Als ewiger Liebhaber umarmt es seinen Baum. Es ist daher auch ein Sinnbild der Liebe, ein Symbol des unvergänglichen Liebesbandes.

So gibt es die altfranzösische Ballade über Tristan und Isolde, seine Geliebte, die einander liebhatten wie das Geißblatt und der Haselstrauch. Ihre Herzen waren unzertrennlich, nachdem sie gemeinsam einen Liebestrank getrunken hatten, auch wenn sie voneinander getrennt leben mußten, da Isolde mit König Marke von Cornwall verheiratet war. Tristan war sein Neffe, den er ausgesandt hatte, um seine Braut, Isolde von Irland mit dem goldenen Haar, für ihn heimzuholen. Auf dem Schiff bekamen sie an einem warmen Abend Durst, jedoch war aller Wein an Bord ausgetrunken. Schließlich fand jemand noch einen kleinen Krug mit etwas Flüssigkeit. Als Tristan und Isolde gleichzeitig einen Becher voll davon tranken und einander in die Augen sahen, war ihr Schicksal besiegelt – sie blieben bis zu ihrem Tode in Liebe vereint. Wie viel mußten sie für ihre Liebe leiden! König Marke verbannte Tristan vom Hof in Tintagel, und dieser zog sich in seine Heimat in Süd-Wales zurück. Von Sehnsucht getrieben, begab er sich eines Tages wieder nach Cornwall und verbarg sich in einem Wald, wo er in den Hütten der Armen nächtigte. Von diesen vernahm er, daß König Marke in Tintagel ein Fest geben und sich daher mit Königin Isolde dorthin begeben wollte. Dies ging nur über einen Weg, der durch den Wald führte, in dem sich Tristan aufhielt. Beglückt schnitt er aus einem Haselzweig einen vierseitigen Stock, den er mit seinem Namen versah und mitten in den Sandweg steckte. Dies war ein Zeichen, das Isolde von ihm kannte – es würde ihr sicher auffallen.

Während sich Tristan im Gestrüpp verbarg, näherte sich der Zug, und Isolde erkannte das Zeichen. Sie bat ihre Begleiter, abzusteigen und eine Stunde zu warten, weil sie müde sei und etwas ausruhen wolle. Mit ihrer treuen Zofe begab sie sich in den Wald.

Dort erwartete sie Tristan! In tiefer Freude umarmten sie sich. Er sagte ihr, wie lange er sich schon nach ihr gesehnt habe, weil er ohne sie nicht leben könne. Es war mit ihnen wie mit dem Haselzweig und dem Geißblatt: Umeinandergeschlungen können sie sehr lange leben; wenn man sie jedoch trennt, stirbt die Hasel und das Geißblatt ebenfalls.

So sprachen sie miteinander, und Isolde versuchte Tristan zu überreden, sich mit König Marke zu versöhnen. Schließlich mußten sie sich wieder trennen und nahmen unter Tränen voneinander Abschied.

Tristan ging zurück nach Wales, um dort die Begnadigung durch Marke abzuwarten. Da er ein Sänger war und sich selbst auf der Harfe begleitete, sang er sich sein Liebesleid in einem Lied von der Seele, dem Lied vom Geißblatt, le lai du chèvrefeuille:

Asez me plest e bien le voil
del lai que hum nume Chevrefoil
que la verité vus en cunt
e pur quoi il fu fet e dunt.
Plusurs le me unt cunté e dit
e jeo l'ai trové en escrit
de Tristram e de la reine,
de lur amur que tant fu fine,
dunt ils eurent meinte dolur,
puis en murmurent en un jur.

Dann wird in dem Lied das oben Berichtete erzählt, und es endet mit folgenden Zeilen:

Pur la joie qu'il ot eue
de s'amie qu'il ot veue
et pur ceo k'il aveit escrit,
si cum la reine l'ot dit,
pur les paroles remembrer,
Tristram, ki bien savoit harper,
en aveit fet un nuvel lai;
Asez briefment le numerai;
cotelef l'apelent en engleis,
chevrefoil le nument franceis.
Dit vus en ei la verité
del lai que j'ai ici cunté.

Cotelef, im heutigen Englisch goatleaf, bedeutet Geißblatt, dem im Französischen chèvrefeuille entspricht. Daraus läßt sich ablesen, daß die Pflanze von Ziegen gerne gefressen wird. Im Englischen heißt sie wegen ihres Nektarreichtums auch honeysuckle. Die botanische Bezeichnung ist Lonicera caprifolium.

Der englische Kräuterarzt Edward Bach legte die frischen Geißblattblüten einige Zeit in frisches Wasser, das er anschließend als Medizin für diejenigen gebrauchte, die sich mit ihren Gefühlen von einer schönen Vergangenheit oder einer verlorenen Liebe nicht lösen können. Die Blüte wirkt vor allem entspannend. Sie vertreibt das Übermaß von Gefühl aus der Seele und in Analogie dazu das Übermaß von Flüssigkeit aus dem Körper: Sie ist schweiß- und harntreibend, schleimlösend und innerlich harmonisierend. Das Blatt wirkt kräftigend, der Bast reinigt das Blut, heilt Katarrh und treibt Wasser in Form von Harn und Schweiß. Die Wurzel wird als blaue Naturfarbe verwendet. Blau ist die Farbe der Frau, der Treue und der Ferne.

Hier tritt uns wieder einmal das homöopathische Prinzip entgegen, daß Gleiches durch Gleiches geheilt wird. Die Pflanze, die so innig umarmt, kann auch das zu enge Liebesband lockern. Liebe, die sich nicht äußern darf, verwandelt sich in Venengift – Venusgift. Geißblatt zieht dieses Gift wieder heraus. Das Wesen der Blüte, das dem Wesen des Gefühls analog ist, bringt alles wieder ins rechte Lot, stellt das rechte Maß wieder her. Dies ist das Geheimnis der Homöopathie. Das ursprüngliche Muster der Harmonie wird durch die Wirkung analoger Formen aus den anderen Naturreichen wiederhergestellt.

Kapuzinerkresse (Tropaeolum majus)

Diese Zierpflanze kommt aus den Tropen; dies zeigt sich auch an ihren feurigen Farben, der enormen Licht- und Wärmekraft, die sie ausstrahlt. Ihre Blüten haben viele Farben, und zwar sämtlich positive Yang-Farben: dunkelrot, hellrot, gelb, orange, lachsfarben, mit denen das schwarze Honigzeichen einen hübschen Kontrast bildet. Geheimnisvoll tief lockt ihr weitgeöffneter Blütenkelch die Insekten an, die weit hineinkriechen müssen, denn der Nektar ist im Grund der Blüte in einem langen Sporn gespeichert. Ungeduldige Tiere oder solche, deren Saugrüssel für den »legalen« Weg zu kurz ist, verschaffen sich gewaltsam Zutritt, indem sie ein Loch in den Sporn beißen. Das tun auch Menschenkinder, die den Honig heraussaugen. Sinn der Pflanze ist es aber gerade, daß man durch das Zaubertor eintreten und nebenbei den Stempel bestäuben soll.

Die hübschen Samen sind in Dreiergruppen angeordnet und bergen die konzentrierte Hitze der ganzen Pflanze, wodurch sie pikant schmecken und sehr aufmunternd wirken, wenn man einige von ihnen unter den Salat mischt, um ihn mit Yang ins Gleichgewicht zu bringen. Wegen dieses Geschmacks und ihrer Wirkung wurden sie früher auf großen Feldern angebaut, u. a. auf dem Blaricummer Hoogt in dem niederländischen Gooi, wo es auch Felder mit Kalifornischem Mohn (Eschscholtzia) gab. Diese Blumenlandschaft – der Bloomlandseweg erinnert noch daran – war eine Augenweide; der Lebensleib des Betrachters wurde durch sie aufgeladen. Auch die Künstlergärten mit den Holzhäuschen von Malern und Dichtern im Eichengehölz und die kleinen Höfe bei den reetgedeckten Häuschen, in denen sich Maler niedergelassen hatten, waren reich an Kapuzinerkresse, die an den Hecken und Büschen rankte, um Lauben und Obstbäume, die sie vor der Blutlaus schützte. Sie gehörte zum poetischen Laren und Blaricum der Jahrhundertwende, als die Heideröschen noch wild auf der Heide blühten und die Torenlaan noch ein Sandweg war, über den morgens und abends Milchkarren holperten. Die Kapuzinerkresse gehörte dazu, als Abbild des intensiven Gefühlslebens der Künstler, Mystiker und Weltverbesserer, die sich dort niedergelassen hatten. Verschlungene Pfade führten durch die Wäldchen zu den verborgenen Hütten, wo man meditierte, Klavier spielte oder Horoskope anfertigte. Es entbrannten große Lieben, die schmerzlich wieder zu Ende gingen. Man lebte spontan und ehrlich, lief barfuß in Sandalen und backte eigenes Brot, wenn es nicht aus der Bäckerei der Kolonie kam, die es heute noch gibt. Man lebte für die Kunst, für die Selbstverwirklichung, getrieben und auserkoren, in Liebeswonnen oder unsäglicher Weltschmerzbetrübnis. Man lebte – und konnte seine Mahlzeit im Hotel Hamdorff mit einem Gemälde bezahlen. In den kleinen, schummrigen Häuschen, die fast völlig von Efeu überwuchert waren, lebten großartige Menschen, die bei Schwengelpumpe und Petroleumlampe glücklich waren, und in deren ruhigem Schimmer so manches tiefe Buch entstand.

Seit dieser Zeit sind die Sommer und die Menschenherzen sehr viel kälter geworden, und die Kapuzinerkresse ist fast vollständig aus den Gärten verschwunden. Es gibt auch fast keine Bienen und Hummeln mehr, die sie besuchen würden, und keine Maler, die, von ihren Farben inspiriert, fröhliche Gemälde schaffen würden.

Das Blatt der Kapuzinerkresse ist rund, eine ziemlich seltene Form, die durch den sogenannten Wärme-Äther zustande kommt. Das Typische dieser Pflanze ist in der Tat die große innere Wärme. Diese sitzt, chemisch gesehen, im Benzylsenföl, das auch dem Blatt seinen scharfen Geschmack verleiht. Man kann eine kleine Menge dieses Blattes unter den Salat mischen und diesen mit den Blüten verzieren.

In Deutschland hat man an mehreren Orten in warmen, gewitterschwülen Sommernächten Flammen aus den feuerroten Blüten hervorschießen sehen! Das scharfe Senföl wirkt antibiotisch auf unerwünschte Bakterien, Schimmelpilze und Viren; das Kauen der Blätter reinigt Mund und Hals. Die Firma Madaus stellt aus Kapuzinerkresse eine Arznei gegen Lungenkrankheiten her, die Troma caps, deren Name sich von der lateinischen Bezeichnung der Pflanze, Tropaeolum majus, ableitet. Der bekannte Dr. Vogel empfiehlt Kapuzinerkresse zusammen mit Pestwurz gegen Lungenemphysem. Die Tinktur aus der frischen Wurzel vertreibt den Grubenwurm. Auch in Dr. Vogels Kräutersalz Herbamare ist Kapuzinerkresse enthalten.

Die Pflanze enthält außer dem Benzylsenföl, das reich an Stickstoff und Schwefel ist, auch Jod, Eisen, Phosphate und Kaliumkarbonat. Kraut und Samen wirken erwärmend, schleimlösend und reinigend; sie fördern die Menstruation und die Harnentleerung und sind reich an Vitamin C (das so wichtig für die Aufnahme von Kalk ist).

Eisenkraut (Verbena officinalis)

Eine der herrlichsten Pflanzen Südeuropas ist das Eisenkraut, das, wiewohl es in ganz Europa vorkommt, die größte Kraft entfaltet, wenn es die südliche Sonne in sich aufnimmt. Es ist eine Pflanze von Venus und Merkur, die gerne an Hecken und Mauern wächst und lange Ähren mit lila Blüten trägt. Die Art Verbena odorata duftet außerdem köstlich. Sie gehört zur Familie der Verbenaceae. Im Französischen heißt sie verveine, und an der Riviera kann man den Tee aus dem getrockneten Kraut kaufen, der sehr lange seinen Duft behält. Die Pflanze enthält eine besondere Art von Gerbsäure, Eisen und Kalium, Saponin und einige besondere Stoffe, die nach ihr benannt sind.

Gesammelt wird sie während der Hundstage, d. h. Ende August, im letzten Viertel des Mondes, also zwischen dem 23. und 30. Tag seines Umlaufes. Am besten sagt man dazu einen Spruch; die Pflanze heißt nicht ohne Grund Herba Sacra.

Frisch um den Hals getragen, macht sie bei allen beliebt und vertreibt allen Kummer. Ein Kranz aus den Stengeln und Blättern um den Kopf läßt alle Kopfschmerzen vergehen, woher sie auch stammen mögen. Für Männer ist das Eisenkraut ein starkes Aphrodisiakum, das viel Samen entstehen läßt.

Es bringt dem Haus, dem Acker oder dem Weinberg, in dem es sich befindet, gutes Gedeihen. Man sollte das Kraut bei sich tragen, wenn man einen Baum pflanzt; seine Kraft wird ihn gut anwurzeln und wachsen lassen.

Kinder, die Verbena um den Hals tragen, haben ein ordentliches und angenehmes Benehmen, einen klaren Kopf und lernen gut. Seit jeher hat man dieses Kraut an den Haustüren aufgehängt, um böse Geister, Krankheiten und Zauber abzuwehren. Zu diesem Zweck kann man auch die Wurzel der Pflanze an einer Schnur um den Hals tragen. Wenn man das Kraut in einen Taubenschlag legt, versammeln sich dort alle Tauben aus der Umgebung; sie lieben den Geruch, denn sie sind mit dem Eisenkraut verwandt (Katzen werden in dieser Weise durch Baldrian, Katzenminze und Schnittlauch angezogen). Wenn man das Gelingen eines Festes sicherstellen will, dann besprenkelt man den Ort, an dem das Fest gefeiert werden soll, mit Wein, in dem frische Eisenkrautblätter ausgezogen wurden.

Bei religiösen Feiern wurde dieses bereits im Altertum berühmte Kraut viel gebraucht. Die Druiden der Kelten benützten es zum Weissagen der Zukunft. Die Römer gebrauchten einen Verbena-Auszug als Weihwasser, um damit ihre Altäre vor Beginn der Feier zu reinigen.

Parlamentarier, die mit dem Feind verhandeln mußten, trugen Eisenkraut zum Zeichen ihrer friedlichen Absichten. Es stimmte sie schließlich auch friedliebend.

Die Wirkungen des Eisenkrauts auf den menschlichen Körper sind, wie die Volksmedizin weiß, vielseitig und sehr kräftig. Es wirkt nervenstärkend, krampflösend, fiebersenkend, galletreibend, zusammenziehend, tonisierend, schweiß- und harntreibend, trocknend, wundheilend, reinigend und schmerzstillend. Besondere Anwendungsgebiete sind Erkrankungen der Luftwege, Husten, insbesondere Keuchhusten. Es verbessert das Blut und alle anderen Körpersäfte. Die Sehkraft wird durch Verbena deutlich verbessert.

Alle Erkrankungen des Kopfes, insbesondere durch Kälte, werden durch Eisenkraut geheilt, vor allem, wenn es im Tierkreiszeichen Widder (21. März bis 21. April) geerntet wurde, das den Kopf beherrscht und dem Mars und das Eisen zugeordnet sind. Man legt das frische Kraut auf die Stirn und die Schläfen. Es heilt eine gestaute Leber, vergrießt Gallensteine und befreit von Gelbsucht; hierzu muß man die ganze Pflanze abkochen.

Besonders nützlich ist das Kraut für die Leiden der Milz und bei Seitenstechen. Rezept: Die Blätter feinhacken, mit geschlagenem Eiweiß und Roggenmehl mengen und mit Watte als Kompresse auf die erkrankte Stelle legen. Man kann auch die Blätter mit Essig schmoren und dann auflegen.

Der frische Preßsaft wird zu Augenwaschungen benutzt und eingenommen, um Schleim und Steine abzuführen, sowie gegen Blutharn. Er heilt Blutarmut und Rippenfellentzündung. Auf Wunden und Geschwüren fördert er die Heilung. Infektionen der behaarten Haupthaut können damit beseitigt werden. Er regt, vor allem bei älteren Menschen, den Kreislauf an.

Als Gurgelmittel heilt es Halserkrankungen und gibt frischen Atem. In warmem Honigwasser ausgezogen ist die Pflanze gut für die Atemwege.

Rheumatische Schmerzen lindert man mit einer Kompresse aus in Essig abgekochten Eisenkrautblättern.

Anregend für ältere Menschen ist ein Tee aus Eisenkraut, Hirtentäschel, Wildem Wein, Zypresse, Myrthe und Kreuzkraut. Er läßt ihr Blut schneller kreisen und kräftigt die Blase. Besonders gut wirkt das Eisenkraut als Kompresse bei Analfissuren und Hämorrhoiden.

Deutlich erkennt man bei allen diesen Anwendungen die lösende und beschleunigende Wirkung von Merkur und die liebevoll heilende und tröstende Wirkung von Venus.

Die edelste und eigentlich einzig richtige Verbena ist diejenige, die aus Südamerika stammt, in Südeuropa wegen ihres köstlichen Dufts kultiviert wird und im Italienischen Limoncina heißt (»die Zitronenduftige«: Lippia citriodora Kunth), auch Aloysia citriodora oder Verbena triphylla genannt, im Englischen Herb Louisa. Sie regt die Verdauung an, stärkt und beruhigt die Nerven, löst Krämpfe, führt Schleim aus den Atemwegen ab und senkt das Fieber. Aus dieser Pflanze wird das echte Verbenenöl hergestellt. Den Tee daraus trinkt man einfach wegen des Genusses!

Herbstzeitlose (Colchicum autumnale)

Es gibt Pflanzen, die, wider die Regel, auf nacktem Holz blühen und erst nach der Blüte die Blätter erscheinen lassen, wie wir es z. B. bei vielen Arten von Zierkirschen kennen. Dieses Blühen ohne jedes Grün, Blüte neben Blüte, hat dann etwas Verschwenderisches. Es gibt auch Pflanzen, die, weil sie aus der anderen Hemisphäre stammen, scheinbar zur falschen Jahreszeit im Herbst oder im Winter blühen, z. B. der Efeu. Pflanzen, die beide befremdlichen Verhaltensweisen zugleich zeigen, sind jedoch selten. Eine solche Ausnahme ist die Herbstzeitlose, die im Herbst blüht, wie wenn sie zeitlos wäre.

Die Herbstzeitlose (Colchicum autumnale) ist in ganz Mitteleuropa verbreitet, vor allem in der Schweiz, wo sie im September die Weiden lila sprenkelt. Es gibt auch noch eine andere Art Colchicum, die der Herbstzeitlose sehr ähnelt und als Trockenblüher verkauft wird. Auch bei dieser Pflanze kommt die lila Blüte, die stark einem Krokus ähnelt, mit ihrem Stiel direkt aus der Zwiebel. Man stellt sie einfach auf die Fensterbank, und sie blüht und versorgt sich selbst mit allem, was sie braucht.

Während der Blüte sind der Fruchtknoten und die Pflanzenstengel mit den Blättern tief in der Zwiebel noch ungeformt und erst ansatzweise vorhanden. Im Winter bringt die verblühte Pflanze diese Teile dann im Verborgenen zur Entwicklung. Der dreiteilige Stempel besitzt einen Griffel von 15–20 cm Länge; wenn er mit Blütenstaub bestäubt wurde, muß der Pollenschlauch den ganzen Griffel entlang nach unten wachsen, um den sich gerade zur rechten Zeit entwickelnden Fruchtknoten zu erreichen. Dies geschieht erst im Mai. Inzwischen hat im April der Stengel zu wachsen begonnen und lange, schmale Blätter sprießen lassen. Der Samen ist erst im späten Frühjahr reif. Dann sterben alle oberirdischen Teile ab. Mitten im Sommer spielt die Herbstzeitlose also Winter. Im Herbst erscheinen dann die nackten Blüten, die in Italien »Dama nuda« und in England »Naked ladies« genannt werden, nackte Damen. Wir sehen also in dieser Pflanze ein träges Wirken der Lebenskräfte. Sie ist auch für Mensch und Tier giftig, weshalb sie im Französischen »tue-chien«, »Hundstod« heißt. Die Giftwirkung beruht auf einer Lähmung des zentralen Nervensystems. Im Altertum nannte man sie Hermodactylon nach der Gottheit und Planetenkraft Hermes (Merkur), der den elektrischen Strom durch den Rückenmarkskanal nach oben treibt, um damit das Gehirn zu nähren. (Dies wird im Merkursstab versinnbildlicht, dem Symbol der ärztlichen Heilkunst.) Hermes hatte nach der griechischen Mythologie diesen Stab von den Göttern bekommen, um damit alle Gegensätze miteinander zu versöhnen. Dies gilt in erster Linie für den Lebenspol und den Denkpol des Menschen, das Geschlechtliche und das Geistige. Bei der Herbstzeitlose, dem leichtsinnigen Mädchen, ist die Blüte als Lebenspol bei weitem die Hauptsache. Obwohl die Pflanze giftig ist, machte man seit jeher aus dem Samen eine Tinktur oder zog sie in Wein aus; davon durfte man täglich höchstens 1 g einnehmen. Und wogegen? Gegen die Podagra (das Zipperlein), eine altmodische Gichterkrankung, die bei Männern nach sexuellen Exzessen auftrat.

Bacchus der Vater, Venus die Mutter
Coena die Hebamm: faciunt podagra!

Ein alter holländischer Vers lautet:

Wijntje en trijntje en late maaltijden maken podagra! (Wein, Weib, Gesang und nächtliche Mahlzeiten bewirken das Zipperlein!)

Heute gibt man in der Homöopathie Colchicum D3 und höher, d. h. also mindestens 1000-fach verdünnt, gegen Rheuma, rheumatische Endokarditis, Kropf und Magen-Darm-Entzündung. Diese Arznei wird aus der Knolle bereitet. Das Colchicum-Gift wirkt also auch auf das Muskelgewebe, die Gelenkschleimhäute und die Knochenhaut. Weiterhin hat man entdeckt, daß das Gift der Herbstzeitlose bei der Entstehung neuen Lebens die Halbierung der Chromosomensätze verhindert. Man wendet es in der Landwirtschaft und Viehzucht an, um Riesenformen zu erzeugen, z. B. Riesen-Getreidekörner, Riesen-Kohlsorten, Riesen-Kaninchen. Die so erzeugten Getreidekörner sind zwar viel größer als normal, aber keineswegs zweimal so nahrhaft, so daß der Bauer damit reich und der Konsument betrogen wird. Es scheint, daß diese Pflanze im Menschen die Geld- und Genußsucht weckt. Der Mensch aber, der begreift, daß das Böse nur das zu stark verdichtete Gute ist und das Gift damit nur die zu stark konzentrierte Arznei, kann durch Verdünnung dieses scheinbar Böse in einen Segen für die Menschheit verwandeln. So wird die luziferische Eigensinnigkeit der Herbstzeitlose zu einem Heilmittel für das selbstverursachte Unheil, das nur in einer Störung des Gleichgewichts bestand.

Cashewnuß (Anacardium)

Vom Anacardium-Baum gibt es eine westliche und eine östliche Art. Die westliche (Anacardium occidentale) wächst in Amerika, u. a. in Surinam (Niederländisch Guayana). Dieser sogenannte Elefantenlausbaum liefert die krummen Cashew- oder Acajounüsse, die sehr nahrhaft und gesund sind. Die ungebrannten bekommt man im Reformhaus. In ihrer Heimat werden sie als Heilmittel gegen Magen- und Zwölffingerdarmgeschwüre gegessen. Die Wurzel ist ein Heilmittel gegen starke Diarrhöe, der Bast gegen Fieber und die Fruchtschale äußerlich gegen Warzen und Hühneraugen. Der scharfe schwarze Saft dieser Schale wird als Zeichentinte verwendet und enthält den anregenden Stoff Cardol.

In Indonesien wächst der Anacardium orientale oder Semicarpas orientales, im Englischen heißen die Früchte wegen ihrer nierenförmigen Gestalt kidney beans. Sie sitzen auf einem verdickten Blütenboden.

Aus diesen Früchten wird eine homöopathische Arznei bereitet: Anacardium D3 bis D6, angewandt gegen Geschwüre im Magen und Zwölffingerdarm, wenn diese durch Magenschmerzen bei leerem Magen gekennzeichnet sind, und gegen Lähmung des Rektums, die den Stuhlgang behindert. Man hat das Gefühl, als ob man irgendwo im Körper einen Klumpen hätte. Ein anderes Symptom, bei dem diese Arznei angezeigt ist, ist das Gefühl, daß eine der Gliedmaßen wie durch ein Band abgeschnürt ist. In hohen Verdünnungen wird dieses homöopathische Mittel gegen Gürtelrose, Nesselsucht und Ekzeme mit Juckreiz und Bläschen gegeben, außerdem bei Erschöpfung, nervösen Spannungszuständen und Gedächtnisstörungen.

Bemerkenswert ist, daß der Kranke, zu dem dieses Mittel paßt, angibt, daß er zwei Willen hat, die gegensätzliche Ziele anstreben. Der eine Wille wird als der eigene empfunden, der andere als ein fremder, gegen den man jedoch nicht ankommt. Es kann sich dabei um ein unsichtbares Wesen handeln, von dem man besessen ist, oder es kann der Wille einer Person im engeren Kreis sein von dem man überwältigt zu werden droht. Typisch ist die Neigung der unterdrückten Person zum Fluchen, wodurch sie sich von der Übermacht befreien will. Hier ist Anacardium D30 das Mittel, das den Kranken von der Unterdrückung befreien kann (ein anderes Heilmittel ist Lycopodium D12). Zusätzlich kann man auch die Cashewnüsse essen.

Gute Dienste leisten weiterhin Räucherkräuter, mit denen man die Luft und den Äther reinigen kann: Kiefer- oder Wacholdernadeln, Salbei, Rosmarin, Krause Minze, Pfefferminze, Lavendel, Weinraute, Baldrianwurzel, Benediktenkarde, Majoran, Koriandersamen, Kamille, Basilikum. Man legt die getrockneten Kräuter in einer Blechdose auf den Herd oder auf eine Holzkohlenglut. Gleichzeitig kann man den bedrohten Menschen den Tee davon trinken lassen.

Walnuß (Juglans regia)

Der Nußbaum mit den großen Nüssen (wal = groß) ist ein Baum Jupiters, der in Mitteleuropa vorkommt, in Griechenland und Kleinasien, in Persien, in Kashmir, im Himalaya und in China. Er trägt Kätzchen, die im Frühjahr abfallen. Im Herbst reifen die Samen, die Walnüsse, unter dicken grünen Polstern. Wenn man diese durchschneidet, tritt ein stark färbender Saft aus, der zum Braunfärben der Haare verwendet wird. Er ist sehr schwer wieder von den Händen zu entfernen, jedoch lohnt sich die Mühe. Die frische Nuß besitzt ein herrlich zartes, weißes Fleisch: eine Delikatesse!

Der Nußkern besitzt die Gestalt des menschlichen Gehirns, einschließlich der Trennung in linke und rechte Hälfte. Nach der Signaturenlehre muß die Walnuß daher auch eine gute Gehirnnahrung sein, was tatsächlich der Fall ist. Menschen, die sehr geistige Arbeit verrichten, sollten reichlich Walnüsse essen. Da die feuchten jungen Nüsse bei der Lagerung rasch zu schimmeln beginnen, werden sie für den Handel geschwefelt, weshalb sie im Laufe des Winters immer trockener und weniger wohlschmeckend werden. Sie enthalten Öl und Harz und sind sehr nahrhaft. Die filzigen Zwischenblättchen werden im Wasser als Tee gegen zu hohen Blutdruck ausgezogen. Die dicke Fruchtschale enthält reichlich Vitamin C und wirkt blutstillend (äußerliche Anwendung).

Da die Walnuß ein Gehirntonikum ist, hält sie das Ich des Menschen in seinem Denkpol im Kopf fest. Starker Alkoholkonsum hat die umgekehrte Wirkung: Der menschliche Organismus wird umgedreht, so daß der Lebenspol und der unbewußte Teil der Seele die Vorherrschaft gewinnen, weshalb auch beim Betrunkenen die verborgene Wahrheit zum Vorschein kommt. Es hat sich aber gezeigt, daß Walnüsse den Menschen auch bei reichlichem Weingenuß nüchtern bleiben lassen. In der Zeit, als Österreich unter dem Namen Norikum noch Teil des Römischen Reiches war, ließ der römische Kaiser Markus Aurelius Probus (278–282) für seine Soldaten an den Ausläufern der Alpen viele Rebstöcke anbauen, da in den damaligen Urwäldern Quellwasser kaum erreichbar war. Im Rausch gerieten jedoch die Soldaten so oft in Streit, daß es viele Tote gab. Deshalb ließ der

Kaiser überall neben den Weingärten auch Nußbäume anpflanzen. So gibt es heute noch einen Wein, der Nußberger heißt. Jede Weinschenke mußte zum Wein gratis Nüsse anbieten, und so verschwand die Trunkenheit und ihre Folgen. Dieser Brauch besteht noch heute: in den Heurigenschenken stehen immer Schälchen mit Nüssen auf dem Tisch. Schließlich wird dann ja auch mehr getrunken!

Es verwundert nicht, daß ein Baum von Jupiter (Zeus) sowohl Denkvermögen als auch Heilkraft schenkt. Aus dem Haupt von Zeus wurde die Göttin Pallas Athene geboren, die über Kriegskunst und die Wissenschaft herrschte. In der Stirn des Menschen hat auch das Denken Jupiters seinen Sitz, das Urteilsvermögen und die Ethik.

Die Heilkraft des Walnußbaums ist groß. Die Blätter wie auch die Nüsse wirken zusammenziehend und reinigen den Verdauungstrakt. Der Auszug aus den gerbsäurehaltigen Blättern ist innerlich und äußerlich gut für den lymphatischen Typ, bei dem Schleim und andere Flüssigkeiten leicht in Bewegung geraten und bei dem daher auch die Drüsen leicht durch einen Überschuß an Flüssigkeit anschwellen: skrophulöse Kinder sowie Frauen, die an Weißfluß und Gebärmutterentzündung leiden. Für ein Sitzbad nimmt man zwei Handvoll frische Blätter je Liter Wasser, von getrockneten Blättern entsprechend weniger, und läßt sie eine Viertelstunde lang ziehen. Den Absud mit kaltem Wasser auf die gewünschte Temperatur bringen und die Blätter im Bad belassen. Walnußblättertee, zu den Mahlzeiten getrunken, heilt Zuckerkrankheit, Ekzeme und Eiterflechte und vertreibt Eingeweidewürmer. Mit Schafgarbe und Enzian ausgezogen, erhält man einen guten Tee gegen Hämorrhoiden.

Der ausgepreßte und eingedickte Saft aus der grünen Schale, der seit alters Rob nucum heißt, heilt Halsschmerzen, Zäpfchenentzündung und Mandelentzündung.

Das aus den Walnußkernen gepreßte Öl muß mindestens ein Jahr aufbewahrt werden, weil es mit der Zeit immer besser wird. Es führt Nierengrieß ab, wenn man bei Nierenkoliken damit einen Einlauf macht. Zusammen mit Kalkwasser ist dieses Öl ein gutes Heilmittel für Brandwunden. In Wein gekocht, heilt es Geschwüre.

Vermischt man die gerösteten Nußschalen mit Wein, dann erhält man ein Getränk gegen Haarausfall.

Die Kätzchen sind wie die Kätzchen der Haselnuß stark schweißtreibend und werden im Frühjahr für Grippeanfällige als Tee ausgezogen.

So könnte man noch viele Anwendungen der Walnuß aufzählen, die in den einzelnen Ländern, in denen sie wächst, üblich sind.

Die Walnuß ist ein vornehmer Baum, der keine Eichen und kein Unterholz um sich her verträgt; er verlangt guten Boden und angenehmes Klima; Frost verträgt er nicht. Sein Holz ist seit jeher für schöne Möbel gesucht.

Wer einen Nußbaum in seinem Garten hat, wird dessen wohltätigen Einfluß spüren. Er gibt auch der menschlichen Seele Festigkeit und Selbstvertrauen, da man das Gefühl hat, durch sein gutes Denkvermögen die Lebensprobleme meistern zu können. Jupiter, nach dem der Baum benannt ist (Ju-glans regia = königliche Eichel Jupiters) gibt Glauben und positive Lebenseinstellung. Die Analogie der körperlichen Heilkraft: der Glaube!

Meditation

Suchen Sie sich einen ruhigen Ort. Öffnen Sie ein Oberlicht und achten Sie darauf, daß es nicht zieht. Gut ist ein Platz bei einem Holz- oder Kohlenfeuer. Vielleicht haben Sie auch einen eigenen Altar mit Blumen, einem Schälchen Wasser, Edelsteinen und zwei brennenden Kerzen in einem kupfernen Kerzenständer.

Ziehen Sie ihre Schuhe und beengende Kleidung aus, machen Sie Kopf und Schultern, Arme und Beine gut locker. Dreimal tief einatmen und wieder ganz ausatmen. Dann im Schneidersitz auf den Boden setzen und entspannen. Die Arme ruhen auf den Beinen, die Hände hängen locker nach unten oder liegen mit den Handflächen nach oben. Nun die folgenden Worte sprechen oder denken (wer es angenehmer findet, darf auch die Worte einmal auf Band sprechen und dann abspielen und mitsprechen oder -denken. Wichtig ist, daß man das Gesprochene fühlt, lebt, ist.)·

Ich bin eine Wasserlilie

Ich bin eine Wasserlilie in der Knospe. Erde und Wasser tragen mich.

Der Wind wiegt mich.

Nun fühle ich die warme Sonne über mir – ich atme sie ein – ich entfalte mich.

Mein goldenes Herz schwillt.

Nach und nach entfalten sich meine weißen Blütenblätter.

Der Himmel um mich ist wie eine blaue Glocke.

Ich bin in der Mitte.

Mein Herz strahlt in der Sonnenliebe. Wir sind eins.

Ich bin im warmen Licht. Mir kann nichts geschehen.

Nun wogt eine Kraft durch meinen kühlen Stengel nach oben –

Ich lache, ich singe in mir. Freude summt um mich her:

Schmetterlinge, Libellen und Bienen. Mein Teich spiegelt den Himmel.

Glück ist alles, was besteht

Wenn ich nun aufstehe und gehe, werde ich die Wasserlilie bleiben.

Ich werde von dem himmelspiegelnden Wasser getragen.

Mein offenes Herz badet im unvergänglichen Licht.

Nun schließt man die Meditation, und sich selbst, indem man sich um sich einen goldenen Kreis denkt. Man löscht die Kerzen, aber nicht das Licht in seinem Inneren.

Abschied eines Buchenblattes

Meine Tage sind gezählt –

Seit drei Nächten ist mir von Mutter Baum kein Saft mehr zugeströmt –
Ich trockne nun aus und werde dürr –
Mein Stielchen ist nur noch ganz dünn –
Ich muß Abschied nehmen.

Ich weiß noch, wie ich in einer fernen Frühlingsnacht erwachte –
Ich lag zusammengerollt in meiner spitzen Knospe –
Es war wärmer um mich herum geworden,
Ich fühlte das Verlangen, mich zu recken und zu strecken –
Da platzte eine Knospenschuppe ab –
Es drängte mich, mich herauszuwinden –
– mein Mützchen fiel ab –
Ich roch den feinen Duft des Frühlingsregens, ein Tropfen fiel auf mich –
Es war, als ob ich aus dem Schlaf schreckte –
– ich faltete mich weiter auf –
Wieder fiel eine Schuppe ab und noch eine –
und – ich war frei – ich atmete –
So lauschte ich weiter dem Rauschen des Regens, die ganze Nacht.

Es wurde hell. Ich sah den Wald und alle meine Schwestern, die sich in der Nacht freigemacht hatten. Still und erstaunt fühlten wir das Sonnenlicht auf uns scheinen, wie wenn es uns glattstreichen wollte. Eine nach der anderen öffneten wir die Falten unseres Kleides. Ganz hellgrün war es damals und samten, voll feiner Härchen. Die Sonne schien wärmer und wärmer – wir fühlten uns stärker und stärker werden! Stimmen unter uns riefen: »Sieh mal! Eine Buche hat schon ausgeschlagen!«

Stolz spreizte und glättete ich mich noch mehr.

Herrlich waren die Frühlingstage!
Grüner und grüner färbte die Sonne mich.
Stärker und ernster wurde ich.
Vögel schwatzten miteinander in den Zweigen. Ich lernte viel.
Am Tage mußte ich arbeiten. Sonnenlicht und Wasser arbeiteten in uns, und ich atmete nur.
Nicht immer war die Luft gut!
Manchmal war sie schmutzig und stinkend.
Dann machte ich meine Münder zu und ließ mich schlaff hängen.
Doch dann erreichte mich Mutters Stimme:
Kinder! Nicht die Arbeit aufgeben!
Wir sind da, um den Schmutz aus der Luft zu holen!
Wir halten den Wald frisch und sauber!
Für unsere Freunde: Die Vögel, die Eichhörnchen und die Kaninchen,
ja, und auch für die Menschen –
Dann strengten wir uns mächtig an, alle fünftausend Schwestern an unserem Mutterbaum und alle Blätter der Nachbarbäume im ganzen Wald.

Oh, die Sommernächte! Das Antlitz des Mondes, groß und freundlich aufsteigend, orangefarben über dem Rand der Heide – ein Raunen ging durch den Wald – ganz still streckten wir uns aus.

Dann sahen wir aus den Nebelschleiern auf der Heide schlanke Elfen sich lösen und im Mondlicht tanzen –
Still schauten wir zu, bis der Mond unterging – und hinter dem Wald in rotgoldener Glut die Sonne erschien, umjubelt von Vogelstimmen – dann bebten wir mit in überströmender Freude!

Nun ist es vorüber. Die Vögel sind stumm geworden. Viele sind weggezogen. Langsam wird es jetzt morgens hell – mit kühlem Nebel, in dem die Tauben geräuschlos segeln, grau im Schleier des trüben Lichts.

Ich spüre, wie ich mich verändere.
Ich habe die Bucheckern reifen sehen – jetzt springen knakkend ihre Häuschen auf, und die Samen fallen auf den Waldboden. Geschäftig huschen die Eichhörnchen um die Bäume. Mutters Arbeit ist für dieses Jahr getan.
Ich fühle mich nun schwach und vergilbt. Wo ist meine grüne Farbe geblieben?

Die matte Sonne bringt keine Hilfe, aber sie verzaubert mein Kleid: Es wird trocken und gelblich, dann golden – ach, golden wie die Sommersonne!

Wenn ich sie am blauen Herbsthimmel sehe, danke ich ihr: oh, golden wie die Sonne vergehen zu dürfen!

Ich fühle, daß meine Stunde nun gekommen ist. Trocken knistert mein Kleid, wenn der Wind über mich streicht. Mein Stielchen läßt schon fast los.

Lebewohl Mutterbaum, ich gehe, ich werde auf das Moos fallen und mich langsam in Erde verwandeln. Der Wind wird mich aufwirbeln und wieder sinken lassen – aber ich werde nichts davon wissen, denn ich werde schlafen. Schlafen, wie ich in der Knospe schlief.

Der Nebel steigt auf. Wenn mich nun der Nachtwind ergreift, wird mein Stielchen loslassen.

Mutter – Lebewohl!

Baum und Mensch

Baum und Mensch stehen als zweipolige Wesen aufrecht zwischen Erde und Sonne. Der Stamm des Baumes wie der Rumpf des Menschen werden am Tage durch die Schwerkraft einerseits und die Kraft der Sonne andererseits gestreckt. In den inneren Saftleitungen des Baums und im linken Strom des Rückenmarkkanals steigen die Aufbaukräfte der Erde auf, während oben Blatt bzw. Lunge die Kräfte der Sonne und der Luft aufnehmen und zu Nährstoffen verarbeitet über die äußeren Saftleitungen bzw. den rechten absteigenden Rückenmarksstrom an alle Organe verteilen und den Überschuß speichern. Am Morgen steigt alles auf, am Nachmittag sinkt es nach unten – ein Geben und Nehmen, introvertiert und extravertiert, mit dem Lauf der Sonne.

Am späten Morgen sind beim Baum Verdunstung und Duft am stärksten: das große Geben. So gibt der Mensch am Morgen bei seiner Arbeit sein Herz und seinen Geist hin. Beide verbrauchen dabei Kraft, werden schlanker.

Am Nachmittag wächst der Baum durch die erzeugten Nährstoffe; die Menschenseele ist voll, reich an Eindrücken, die jetzt in abendlicher Beschaulichkeit verarbeitet werden müssen: das große Nehmen.

Zwischen Wurzel und Krone verzweigt sich der Stamm; beim Baum in seinen Ästen (deren unterste vom Menschen abgehackt werden – aber sehen Sie sich einmal eine unversehrte Eiche auf alten Gemälden an, deren Äste gleich über dem Boden beginnen), beim Menschen in paarig aus dem Rückenmark entspringenden Nerven.

Beim Baum ist die Wechselwirkung zwischen Wurzel und Krone vollkommen. Seine Zweige breiten sich ebenso weit aus wie seine Wurzeln. Beim Menschen sind Harmonie und Zusammenspiel der Pole häufig gestört: Erst erschöpft er seinen Denkpol mit Lernen für eine Prüfung oder mit geistiger Arbeit, wobei er sich die Zufuhr von Lebensenergie abschneidet, dann läßt er alle moralischen Bedenken beiseite, um mit seinem Lebenspol einmal ausgiebig über die Stränge zu schlagen. Daher tut es dem Mensch sehr not, sich auf das Baumwesen zu besinnen, damit der Baum in ihm gesünder und stärker werde.

Baum-Meditation

Man stellt sich aufrecht und unbehindert hin, die Beine leicht gegrätscht, die Füße fest auf dem Boden (keine oder flache Absätze, keine Gummisohlen), die Arme schräg nach oben mit zu Zweigen und Blättern gespreizten Fingern, die Augen zur Konzentration geschlossen.

Während der Leiter die Wort spricht (wer allein ist, kann sie für sich sprechen oder denken oder notfalls von einem Kassettenrecorder abspielen), lebt man sich in das Baumwesen ein; man wird ein Baum.

Ich bin ein Baum. Meine Wurzeln greifen tief in die Erde ein und saugen ihre nährenden Kräfte auf; ich fühle sie aufsteigen in mir. Wie sicher und fest stehe ich in Mutter Erde verankert!

Ein frischer Morgenwind bewegt meine Zweige und wiegt die Nester der Vögel. Entfernte Geräusche klingen auf.

Mein liebster Vogel fliegt aus seinem Nest auf in meine Krone – ein entzücktes Gezwitscher begrüßt das Morgenrot, das am Horizont erscheint.

Nun fallen die anderen jubilierend ein. Ich trage ihren Chor auf meinen Zweigen und trinke die Glut, die im Osten aufgeht. Da erscheint sie: die Sonne!

Ihr feuriges Antlitz kommt herauf, rosa-orange, und mein Saft strömt ihr entgegen, meine Blätter richten sich auf – sie kitzelt mich.

Die Sonne grüßt mich und meine Brüder mit unseren Namen, und wir grüßen zurück – wie Orgelmusik erfüllt die Sonnenkraft den Himmel. Meine Blätter beginnen nun zu atmen und zu arbeiten, machen aus Sonnenlicht und Kohlensäure ihre grüne Laubmasse und die Nahrung für meinen ganzen Leib.

Glücklich stehe ich im Kraftfeld zwischen Erdenstütze und Sonnensegen, daraus mein Heil gewinnend. Die Nebelelfen sind an meinem Stamm nach oben geflüchtet, es wird warm unter mir, die Käfer krabbeln auf meinen Stamm. Die Bienen summen herbei, meine Blüte öffnet sich und hält Zwiesprache mit ihnen. Ich sende meinen Duft aus für diese ganze gute Erde, umschmeichelt von Sonnenwärme.

Ich werde müde davon. Nun ist Mittag vorüber. Meine Zweige und Blätter werden schlaff (Arme sinken lassen). Ich bin gesättigt. Nun fließen meine Nährstoffe längs der Blattnerven, des Stiels, der Zweige, durch meine starken Äste in meinen Stamm, und jede Zelle trinkt davon.

Die Sonne sinkt und läßt ihre Glut in meinem Inneren zurück. Meine Vögel kommen angeflattert in ihr Nest. Ein kühler Wind flüstert seinen Abendgruß durch meine Zweige. Die Sonne nimmt Abschied im großen Abendgold – nun ist sie verschwunden. Ich schließe mich ab, fühle die feuchten Nebel um meinen Fuß.

Das Tageslicht verlischt. Es raschelt im Gras: Der Igel kommt zum Vorschein, nach ihm die Mäuse. Dann geht in behäbiger Ruhe der gute Mond auf.

Kaninchen springen in seinem milchigen Licht über die Heide. Sie schlagen Haken und tanzen, und wir Bäume stehen ruhig und schweigend. Die Elfen spielen Versteck um unsere Stämme, überall raschelt und knistert es.

Ich aber muß meine Nachtarbeit verrichten: Mein Pflanzengewebe nähren, das neue Zellen aufbaut, Vorräte sammeln, altes Gewebe von kleinen Lebewesen nach draußen schaffen lassen. Ich schaue nach innen in meinen Lebensorganismus und steige mit meinem Saft in meine Wurzeln hinab, die alte Geschichten aus den Tiefen der Erde erzählen.

Alles Geschehen wird durch sie als Geschichte aufgesaugt, und ich träume mit ihr mit, vom Mondenschein eingeschläfert. Sterne funkeln auf. Ich fühle, wie meine Zweige sich ausbreiten, um die goldenen Früchte zu tragen, während meine Wurzelhaare fühlen und fühlen – alles, was in der ganzen Erdkugel geflüstert wird (Arme und Beine zum X spreizen). Ich bin das All, und das All durchströmt mich. Ich bin der Welten-Baum Yggdrasil.

Morgen werde ich wieder nur ein Baum von vielen im Wald sein, der mit Nehmen, Umsetzen und Geben seine Arbeit verrichtet. Ein Baum, der, aus Sonne und Erde wachsend, Pflanzen und Elfen, Tiere und Menschen beschützt, nährt und erfreut. Tief in meinem innersten Kernholz werde ich immer wissen, und wenn ich tausend Jahre alt werde, daß ich das All in mir trage, zusammengefaltet am Tage, ausgebreitet in der Nacht. Ich bin Yggdrasil. Ich, der Baum, bin das All.

Gott schuf den Menschen nach seinem Bilde. Dieses Bild oder kosmische Muster ist ein Organismus mit zwei Polen, die durch einen Kräftekreislauf verbunden sind. So bilden Gott und Mensch als Pole zusammen einen lebenden Organismus; ebenso Sonne und Planeten, aber auch der Mensch mit seinem Lebenspol unten und dem Denkpol oben. Was oben geschieht, findet unten seine Entsprechung. Der Mikrokosmos ist nach dem gleichen Muster geschaffen wie der Makrokosmos.

Der Lebensbaum

Yggdrasil: Ich-Träger

Im nordischen Mythos (Edda) stellte man sich dieses Muster als einen Baum vor, den Lebensbaum oder die Weltesche. Ihre drei Zweige stützen das Himmelsgewölbe und tragen als goldene Früchte die Sterne; in ihnen hat ein Adler sein Nest. Seine drei Wurzeln umschließen die Unterwelt, und an jeder von ihnen befindet sich eine Quelle. Am Fuße des Stammes haust bei der Quelle Hvergelmir der Drache Nidhöggr, der an der Wurzel nagt, um das Aufsteigen des Safts durch den Stamm zu verhindern und so die Krone zum Verdorren zu bringen. Am Stamm springt das Eichhörnchen Ratatoskr auf und ab, schwatzt beim Adler über den Drachen (oder die Schlange) und beim Drachen über den Adler. Von den Zweigen tropft süßer Honigtau in die drei Quellen.

An der Quelle von Urd wohnen die drei Schicksalsgöttinnen oder Nornen: Urd, die den Lebensfaden des Menschen spinnt, Werdandi, die die zwei Lebensfäden bei der Hochzeit ineinander schlägt, und Skuld (Schuld, Karma), die den Faden beim Tode abschneidet. Zu dritt hüten sie ihre heilige goldene Quelle, in der zwei Schwäne schwimmen. Die dritte Quelle, Mimir, liegt direkt unter dem Stamm und schenkt Weisheit.

Es ist nicht schwierig, diese Symbole zu deuten: Das Eichhörnchen (Merkur, Odin, Wotan) sorgt für den Kreislauf zwischen den beiden Polen, insbesondere für den aufsteigenden Strom, während der absteigende Strom durch den niederträufelnden Honigtau dargestellt wird. Beim menschlichen Körper ist der Stamm der Rückenmarkskanal, der Kreislauf erfolgt über die Blut- und Nervenbahnen und längs der Meridiane des Lebensleibs.

Die Krone mit den funkelnden Sternenfrüchten (die wir als Christbaum mit Lichtern und schimmernden Kugeln nachahmen) oder mit reichem Laub (hierfür steht der Maibaum mit dem grünen Kranz) wird im Kopf des Menschen durch die Verzweigungen der Gehirnnerven gebildet, längs deren elektrische Funken springen, wenn uns »ein Licht aufgeht«. Außerdem kann man jeden Zweig als Symbol für eine wichtige endokrine

Drüse sehen: Die Schilddrüse im Hals, die Hypophyse (Hirnanhangdrüse) im unteren Schädelbereich, und die Zirbeldrüse im oberen Schädelbereich, die dem Sahasrāra-, dem obersten Chakra zugeordnet ist, in dem das Bewußtsein von Innen und Außen, von Unten (der Körper und das sogenannte Unterbewußtsein) und Oben (bewußte Wahrnehmung und Wissen sowie Inspiration) in einem Punkt als All-Wissen zusammenläuft.

Die drei Wurzeln und Quellen bezeichnen ebenfalls Zentren eines Nervengeflechts, einer Drüse und eines Chakras, hier im Bereich des Unterleibs. Bei Urd liegen die Keimdrüsen (die zwei Schwäne, Ovarien bzw. Testikeln), der Plexus sacralis, das Kreuzbein und das Steiß-Chakra, in dem die reine, neutrale Schöpfungskraft aus dem Kosmos eintritt, um in drei Phasen umgewandelt zu werden, wobei jeweils die Möglichkeit besteht, daß sie entweder als sexuelle Kraft nach außen tritt, oder sich weiter verfeinert, bis sie als ätherische Hormonkraft durch den Stamm als Nährstoff für die Seelenentwicklung zum Denkpol aufsteigt. Hier liegt wahrhaft die Quelle des menschlichen Lebens, äußerlich (Fortpflanzung) wie innerlich. Hier wohnen Mond und Venus. Die Quelle Hvergelmir liegt bei der Prostatadrüse, dem Plexus prostaticus, dem Schambein (hier beginnt die Begierde, symbolisiert durch Nidhöggr), die auch mit den Nebennieren in Verbindung steht. Hier wohnt das aggressive sexuelle Ich, hier wohnt Mars.

Bei der Quelle Mimir (memory) liegt das Sonnengeflecht (Plexus solaris) und die Leber, wo Mars (Gallebereitung) und Jupiter zusammen haushalten und wo der »Alchemist« wohnt, wie Paracelsus die Steuerung des Nervensystems und aller unbewußten Prozesse nannte. Hier wohnt das Traum- und Unterbewußtsein, hier ist der Küchenherd aus den Märchen, denn hier setzt Jupiter Eiweiß, Zucker und Fette nach Bedarf in seinem Alchemistenofen ineinander um. Unten und oben korrespondieren miteinander (Ratatoskr): Die Geschlechtsdrüsen mit der Schilddrüse, die Leber mit Augen, Gehirn und Zirbeldrüse, der Plexus prostaticus und die Nebennieren mit der Hirnanhangdrüse. Natürlich gibt es auch Wechselwirkungen aller mit allen.

Kaduzeus

In der griechischen Mythologie heißt der Lebensbaum Hermesstab oder Kaduzeus, den Hermes (Merkur) von Apollo, dem Sonnengott empfing. Der Stab wird von zwei Schlangen in dreieinhalb Windungen umschlungen; über ihren Köpfen wachsen zwei Flügel aus dem Stab, der von einem Kiefernzapfen bekrönt wird.

Offensichtlich bilden die beiden Schlangen den Kreislauf, den aufsteigenden (linksherum) und den absteigenden Strom, wie er zu beiden Seiten des Rückenmarkskanals durch die Ganglien verläuft und schließlich auch durch den Lebensleib. Die Flügel symbolisieren die Lungen und der Kiefernzapfen die Zirbeldrüse (Epiphyse). Der eine Strom (Yin) steht für den Strom von Eindrücken, die von außen über die Sinne zum Bewußtsein im Großhirn gelangen, während der absteigende Strom für die Befehle steht, die das Bewußtsein als Reaktion auf diese Eindrücke zu den Muskeln sendet.

Diese beiden Ströme laufen jedoch nicht immer über das Bewußtsein. Wenn auf einen bestimmten Eindruck immer wieder der gleiche Befehl folgt, tritt eine Verkürzung des Wegs ein, ein Reflex: Wenn der äußere Reiz im verlängerten Mark im Hals (Medulla oblongata, Sitz des Mondes) angelangt ist, verbindet er sich mit dem abgehenden Strom, der den gleichen Befehl wie immer an diesen Reiz koppelt. So entstehen die stereotypen Verhaltensweisen, die festen Gewohnheiten, das gute Benehmen, die Dressur – alle Handlungen, bei denen man nicht mehr denken muß. Das vegetative Nervensystem und das Unterbewußtsein nehmen so dem zentralen Nervensystem und dem Bewußtsein viel Arbeit ab. In diesem Fall berühren die Schlangenköpfe einander.

Der Nachteil dabei ist allerdings, daß die Zirbeldrüse dadurch keine Nachrichten von unten mehr bekommt. Das All-Wissen geht verloren; der Mensch weiß nichts mehr davon, was sein Alchemist macht, was in seinem Körper und in einem großen Teil seiner Seele vor sich geht.

Das ist der Grund, warum die Wissenschaft heute über den Sinn dieser Drüse rätselt. Der Mensch ist unwissend und hilflos geworden durch diese Spaltung in zwei getrennt arbeitende Systeme, Groß- und Kleinhirn (mit verlängertem Mark), Bewußtsein und Unterbewußtsein.

Das war nicht immer so. Einst ging der volle Bewußtseinsstrom von ganz unten bis ganz nach oben; damals wußte der Mensch noch alles, was er wissen mußte, auch ohne Lehrer, Bücher und Schulen.

Beim neugeborenen Kinde wiederholt sich dies alles noch einmal. Es ist noch eins mit allem – im Paradies.

Biblische Symbole

In der Schöpfungsgeschichte wird folgendes berichtet: Im Paradies stand ein Baum des Lebens und ein Baum der Erkenntnis. Der Mensch aß die Früchte vom Baum des Lebens (unbewußtes Wissen) und hatte keine Sorgen. Der Mensch ließ sich jedoch dazu verführen, nicht nur die göttlichen Gedanken ins Bewußtsein dringen zu lassen und als schöpfender Mitarbeiter Gottes zu verwirklichen, sondern seine eigene Ordnung schaffen zu wollen. Er ließ die Säfte nicht mehr bis oben in die Krone seines Lebensbaums steigen, sondern begann, sie zum Teil unten am Lebenspol für sexuellen Austausch und stoffliche Fortpflanzung abzuzweigen. Nidhöggr nagte an der Wurzel. Die Krone verdorrte: Das Denken war nicht mehr schöpferisch, das Licht der Erkenntnis verblaßte, und es blieb nichts übrig als verstandesmäßiges, kausales Denken in endlosen logischen Schlußfolgerungen, mechanisch wie ein Computer. Nur mehr die drei Nornen Vergangenheit, Gegenwart und Zukunft bestimmten das Denken. So entstanden die Vorstellungen von Ursache und Wirkung (Karma), Sünde, Schuld und Sühne, von Raum und Zeit und von allen Gegensatzpaaren: Gut und Böse, Männlich und Weiblich, Yin und Yang. Bewußtsein und Unterbewußtsein. Der Mensch war ein gespaltenes, einseitiges, hilfloses und vereinsamtes Wesen geworden durch die Kenntnis von Gut und Böse und mußte in einer dualistischen Welt leben. Der Adler des Geistes fand in den verdorrten Zweigen keine Behausung mehr, Ratatoskr kam nicht mehr in die Krone, der Drache regierte den Menschen. Der Baum des Lebens ist zum Baum der Erkenntnis geworden.

Das Kreuz

Wenn ein Katholik ein Kreuz schlägt, zeigt er mit Jupiter- und Saturnfinger zuerst an die Stirn, zum Adler (wie der Skorpion im Osten heißt), dann zum Sonnengeflecht, dem Stier, dann links zum Herzen, dem Löwen, dann rechts zur Lunge, dem Wassermann (Luftzeichen). Dies sind die vier Zeichen des fixen Kreuzes, denen man auch die vier Evangelisten Matthäus, Lukas, Markus und Johannes (der Engel) zuordnet. Diese vier Figuren werden auch auf kupfernen Klingelknöpfen dargestellt. Man zeigt also auf Denkpol, Lebenspol und Kreislaufsystem (Blutkreislauf und Atmung), und gleichzeitig auf die vier Elemente Wasser, Erde, Feuer und Luft.

Golgatha

In dem Bericht über die Kreuzigung auf Golgatha (Schädelstätte) wird dieses Geschehen mit der möglichen Erlösung aus der Sünde (die zweite Phase) erneut vor unsere Augen gestellt. Die drei Kreuze im verlängerten Mark sind die Enden des Kaduzeus mit Jesus Christus als dem Mittelkanal und den beiden Strömen daneben, die als Räuber dargestellt sind, weil sie dem Denkpol das Bewußtseinslicht stehlen. Sie haben den aufsteigenden Strom direkt in den absteigenden umgeleitet, in das finstere Ägypten, wie man in der Gnosis den Leib nennt.

Wenn sich jedoch der aufsteigende Strom nicht mehr dazu verleiten läßt, sondern sich nach oben durchsetzt, zum Bewußtsein im Großhirn und schließlich zur Zirbeldrüse (oben am Stab), dann wird der Räuber sofort mit dem mittleren Strom Jesus Christus in das Paradies zurückkehren, wie es ihm von Jesus versprochen wurde, denn dann wird das All-Wissen wieder hergestellt. Die wiederhergestellte, jetzt aber bewußte Einheit nennen wir dann die dritte Phase (die erste ist die unbewußte Phase, bei der man noch nichts anderes kennt).

Dann wird das Geistesauge, dargestellt als Auge in einem Dreieck, sich wieder öffnen, so daß man durch die Erscheinungsformen immer auch das Wesen der Dinge erkennt. Dann wird alle Spaltung aufgehoben sein, es gibt keine sexuelle Begierde mehr, und es ist auch keine Fortpflanzung mehr nötig, denn der Mensch verfeinert sich und stirbt nicht mehr. Alle Kraft geht ohne Verluste durch den mittleren Kanal nach oben; die Krone des Lebensbaums wird wieder grün und saftig und trägt die Blüten des vollständigen Denkens, des Denkens in Analogien, aus denen die goldenen Äpfel der Weisheit hervorgehen. Nidhöggr ist besiegt, und der Adler wohnt für alle Zeiten im Kopf des Menschen.

Der Nartex-Stengel (der Rückenmarkskanal), in dem Prometheus den Menschen das göttliche Feuer brachte, leitet diese Kraft dann nach dem ursprünglichen Plan. Prometheus, der strebende Mensch der zweiten Phase, ist erlöst.

Die Schlange des Kaduzeus speit dann in die Schale, den Gralsbecher des Menschenhaupts, der die Inspiration als Endprodukt des ganzen Bittgangs durch das All empfängt.

Jeder Mensch trägt den Lebensbaum in sich und kann selbst entscheiden, ob seine Krone dürr und tot oder frisch, blühend und fruchtbar sein soll.